NETWORK MARKETING

VS.

SISTEMA PIRAMIDAL

Frank MORENO

NETWORK MARKETING

VS.

SISTEMA PIRAMIDAL

Descubre si Ayudas a las Personas o Estafas.

DEDICATORIA

A un valiente, a un terremoto, a un cariñoso, a un inconformista, a la alegría, a la ternura, a no caber el corazón en el pecho, a mi amado hijo Nicolás, que aún es pequeño para entender que nunca hay que dejar de soñar.

A él que imagina castillos en el cielo y no sabe que podrá construirlos en la tierra. Para que no se sienta obligado a seguir el camino de baldosas amarillas y sea él quien decida hasta dónde quiere llegar.

INDICE

AGRADECIMIENTOS

Quiero dar las gracias a mi amada pareja **Ardalia RAVELO** quien me presentó una alternativa de vida y quien fue la culpable de dar origen a mi inquietud por la investigación y profundización en el tema del Network Marketing. Por supuesto es la que me acompaña día a día siempre cogidos de la mano, la que me comprende, me apoya, me quiere y me cuida con un amor incondicional (esto último me obligó a ponerlo).

Como no, quiero dar las gracias a mi amigo, compañero y casi socio **Francisco Manuel CABRERA** por impulsarme y animarme a escribir un libro, a **Miguel ALAMO**, mi mentor en el Network Marketing, por mostrarme que existe un mundo paralelo en el que realmente si se pueden alcanzar los sueños, conseguir la libertad financiera y deshacerte de la limitación geográfica y horaria en el trabajo. Así poder dedicar tu tiempo a tu familia y a lo que realmente te haga feliz y mejor persona.

Y por supuesto quiero agradecérselo a mi madre **Charo** y a mi hermana **Angélica** que, desde el cielo, son las responsables de hacer cumplir mi sueño y que este proyecto vaya hacia delante.

Tu trabajo va a llenar gran parte de tu vida y la única manera de estar realmente satisfecho es hacer lo que creas que es un gran trabajo

Y la única forma de hacer un gran trabajo es amar lo que haces

Si no lo has encontrado aun sigue buscando No te conformes

STEVE JOBS

NO SABES CON QUIEN ESTAS HABLANDO

Me llamo **Frank MORENO**, soy de Sevilla y a fecha de escribir este libro tengo 49 años. No quiero excusarme explicando lo competente o no que soy para escribir este libro, pero si lo hago es porque considero que tengo la mínima formación y experiencia necesaria para hacerlo. Mis estudios de Básica, Formación Profesional, diplomatura en Criminología y la superación posterior a mis estudios de tres oposiciones realmente me han aportado poco para abordar este tema, más bien los conocimientos adquiridos han sido a base de formación autodidacta y experiencia como emprendedor.

Quizás me apasione más investigar, aprender y documentarme que gestionar o ejecutar un negocio. Asimismo, mi experiencia como emprendedor y la autoformación no han sido las únicas fuentes de sabiduría con las que he contado. También me han servido las experiencias de personas que si han llegado alto en la creación de negocios y que he conocido durante varios años.

Hay que tener claro que lo escrito aquí no sienta cátedra ni es la verdad absoluta, todo es criticable y seguro que no todas las personas estarán de acuerdo con lo que se puede leer aquí. Solo se trata de reflejar mi punto de vista y para ello lo que me mueve es la inquietud de que cuando una persona se inicie en el Network Marketing tenga una base suficiente para que no lo engañen sabiendo distinguir entre una actividad legal o ilegal y que su labor se desempeñe de la forma más honesta posible.

La primera vez que escuche hablar de multinivel consistía en realizar una fuerte inversión y supuestamente se compraban apartamentos turísticos entre varias personas que posteriormente se alquilaban por días o semanas obteniendo grandes beneficios. Resultó ser una organización criminal que tenía creado un conglomerado de empresas ficticias y fraudulentas y más de uno se mudó a prisión.

Actualmente tengo trabajo estable, no lo gano mal y estoy bien pero siempre he sido bastante inquieto y siempre he querido ser empresario.

Desde siempre yo he querido ser emprendedor y llevaba mucho tiempo dándole vueltas a la cabeza al negocio en el que emprender, pero el tiempo pasaba y solo me dedicaba a trabajar y estudiar, sin poder disfrutar de tiempo libre con mi familia ni del dinero que ganaba. Había llegado a un techo en mis ingresos y tampoco veía como podía tener más tiempo libre para dedicar a mi familia o a mí mismo. Pensaba que cuanto más estudiaba y más alto llegara en la empresa más dinero y tiempo tendría, pero se convirtió en todo lo contrario.

¿Y cómo me metí en esto del Network Marketing? Porque me obligó mi mujer. Un día de abril de 2020 en plena pandemia coincidió que mi mujer y yo estábamos separados (geográficamente) y ella se encontraba en Gran Canaria y yo en Sevilla. Me llamó por teléfono y me dijo que le habían ofrecido un producto natural que servía para paliar muchas enfermedades y que además detrás había un gran negocio. La situación era ideal, estábamos en pleno confinamiento y casi todos los negocios tuvieron que cerrar, la gente tenía que buscar distintas alternativas para seguir generando un ingreso de dinero. Cuando me lo contó mi mujer y dentro de mi incredulidad, lo primero que se me vino a la cabeza fue "pobrecita, la están estafando" y comencé a investigar y a estudiar y cuanto más leía y más me documentaba más increíble me parecía el tipo de negocio. Era algo que no te enseñan en ninguna escuela ni en ninguna carrera. Podría tener tiempo libre, ingresos extras, crecimiento personal y liderazgo.

Desde que comprendí el negocio mi perspectiva de vida es diferente. Los tiempos están cambiando, los negocios digitales son el futuro y veo de manera clara como la economía está evolucionando. No he parado de viajar y disfruto conociendo gente nueva, crezco constantemente como persona y como profesional. Estoy en pleno aprendizaje de finanzas y desarrollo personal dándole muchísima importancia a la formación. Actualmente imparto presentaciones de negocio, ponencias y formaciones por toda España.

Además de ser un negocio, el Network Marketing es una oportunidad de crecer, prosperar y ayudar a mucha gente.

Tu gran oportunidad puede estar justo donde te encuentras ahora mismo

El hombre exitoso es aquel que aprovecha las oportunidades que se le presentan

NAPOLEON HILL

PARA QUIEN ES ESTE LIBRO

Primero quisiera decir para quien **NO** es este libro. Sigue con tu rutina:

- ☐ <u>Si necesitas dinero urgente</u>. Emprender necesita tiempo, nadie empieza un negocio pensando en recuperar la inversión rápidamente. Deberías de momento buscar o tener otro empleo. Aquellos que inician un negocio tradicional no recuperan su inversión hasta pasados los primeros años.

- ☐ <u>Si crees que te vas a hacer millonario rápidamente.</u> Esto es una carrera de fondo, y hay que hacer equipo paso a paso.

Hay personas que inician este negocio porque lo que realmente quieren es no trabajar, pero eso no se consigue de la noche a la mañana.

☐ Si te da igual el producto que distribuyes. El producto es lo más importante y enfocarse más en la red es una equivocación. ¿Haces network porque el producto es bueno o distribuyes el producto porque quieres hacer network? Se el primero en consumir los productos o servicios de la empresa y predica con el ejemplo, pero si realmente no estas contento con los productos se honesto y abandona la actividad. Te va a dar más confianza hablar de un producto del que estas convencido.

☐ Si no te gusta invertir. Lo primero que se nos viene a la cabeza cuando surge la necesidad de desembolsar una cantidad de dinero es si queremos o podemos asumir ese gasto. Pero tenemos que tener clara la diferencia entre gasto e inversión, siendo lo segundo necesario para conseguir un beneficio posterior, es decir primero hay que comprar la zanahoria para que el caballo camine. No son gastos invertir en productos, viajes, formación, etc.

☐ Si no has sido nunca constante en nada más. Necesitas disciplina, organización, tiempo para formarte como líder, crear equipo y para conseguir todo esto es necesario constancia, tenacidad, paciencia y esperanza.

Pero si el destino ha puesto en tus manos este libro es porque eres de los pocos o pocas que se dan cuenta que hay que salir de la zona de confort para conseguir aquello por lo que se está ilusionado o ilusionada. Este libro **SI** es para personas:

☐ Que quieran comenzar su propio negocio, aunque no todas las personas en el momento de iniciar estén preparadas. No necesitan tener ningún tipo de estudio relacionado con el comercio ni haber trabajado en ningún empleo.

☐ Con ganas de emprender y cambiar sus vidas. Que se encuentren motivadas, con perspectivas de crecer en el negocio y se mantengan ilusionadas.

☐ Insatisfechas con el trabajo y que quieran nuevas perspectivas en su carrera.

☐ Que asuman que deben emplear un mínimo tiempo para dedicarse a los productos con los que se identifiquen y que tendrán que vender y a la construcción de la red de clientes y distribuidores independientes.

☐ Que quieran una vida con más libertad, sin atadura geográfica ni limitaciones horarias.

☐ Que quieran promover el bienestar, tanto el propio como el de las personas de su entorno.

El optimismo no nos garantiza el éxito pero el pesimismo garantiza el fracaso

EMILIO DURÓ

1. INTRODUCCION

En este libro no voy a mostrarte como formar equipo ni crear una red de distribuidores, solo pretendo que estés informado o informada sobre cómo funciona la actividad que vas a empezar o estás realizando y la magnitud o alcance que puede llegar a tener el Network Marketing. También aprenderás a saber diferenciar un negocio multinivel de las estafas piramidales que se enmascaran con el mismo tipo de estructura y con el que se puede conseguir engañar a muchísimas personas obteniendo grandes cantidades de dinero.

1.1. El Cuadrante del Flujo del Dinero

En cualquier caso, para hablar de Network Marketing antes tenemos que citar las distintas formas de generar ingresos que existen aglutinadas en dos grandes bloques como son:

1. Cambiar tiempo de trabajo por dinero

2. Gestionar inversiones.

Según Robert Kiyosaki, autor del libro Padre Rico, Padre Pobre, la decisión de optar por una de estas dos formas de obtener un ingreso se debe a la incultura financiera de las personas.

Kiyosaki desarrolla las diferencias existentes en la generación de ingresos en un diagrama que diseñó llamado **El Cuadrante del Flujo del Dinero** donde se pueden observar cuatro formas que permiten ganar dinero y generar ingresos. En una de estas cuatro posibilidades puede encontrarse tu vida laboral:

TIEMPO POR DINERO	GESTIÓN INVERSIÓN
EMPLEADO 60% • Trabaja para otros. • Si no trabaja no recibe dinero. • Ingreso limitado.	**EMPRESARIO 4%** • Propietario de una empresa. • Tiene gente trabajando para el. •
AUTÓNOMO. 35% • Los ingresos dependen del tiempo empleado. • Tiene tiempo limitado. • Trabaja para si mismo.	**INVERSOR. 1%** • El dinero trabaja para el generando ingresos. • Invierte en ideas de otros. • Disfruta de tiempo flexible.
INGRESO LINEAL	INGRESO RESIDUAL

- EMPLEADO:
  - La mayor parte de la población se ubica en esta zona, existe un intercambio de tiempo y esfuerzo a cambio de dinero. Las ganancias son proporcionales al tiempo de trabajo. Sus ingresos dependen de lo que figure en los distintos convenios de trabajo según el gremio en el que se desarrolle la actividad. Este tipo de personas se sienten con supuestamente tranquilidad al contar con un puesto de trabajo mayoritariamente estable.

- AUTONOMO:
  - Estas personas trabajan por cuenta propia, son sus propios jefes y son independientes disfrutando de autonomía. Aquí se sigue intercambiando tiempo por dinero, aunque no tienen la seguridad de un salario fijo establecido ya que depende de la facturación. Asimismo, cuentan con poca protección a la hora de cobertura social en casos de enfermedad e incertidumbre cuando llega la jubilación.

☐ EMPRESARIO:

   o El empresario o dueño de un negocio ha diseñado una forma de generar dinero que no depende exclusivamente del trabajo propio. Cuenta con personas a su cargo que se encargan de realizar las labores en su lugar. Pueden recibir ingresos sin necesidad de estar trabajando, asumen liderazgo y corren riesgos con la esperanza de conseguir mayores beneficios.

☐ INVERSOR:

   o El inversor busca opciones para que el dinero genere más dinero. Concretamente este es el trabajo de los inversores, buscar oportunidades que generen ganancias y gestionar sus inversiones. De los beneficios seguirán realizando nuevas inversiones para generar más dinero todavía. Suelen tener conocimiento y formación financiera.

El 95% de la población se encuentra en la columna izquierda la de "Cambiar Tiempo de Trabajo por Dinero" generando tan solo el 5% del total de la riqueza. Este dinero es conocido como ingreso lineal, del que seguidamente hablaremos, debiendo trabajar más horas para conseguir más dinero, pero siempre hasta un límite ya que el tiempo es finito.

En cambio, las personas que se encuentran en la columna de la derecha la de "Gestionar Inversiones" son un 5% de la población, pero generan el 95% del total de la riqueza. Estos son los ingresos pasivos o también llamados residuales que además no tienen límites. En esta columna es donde se consigue la libertad financiera.

1.2. Diferencia entre Ingreso Lineal e Ingreso Pasivo/Residual

☐ INGRESO LINEAL:

o   Aproximadamente el 95% de las personas están acostumbradas a esta fuente de ingresos. Consiste en cambiar su tiempo por dinero, recibimos un sueldo según la cantidad de horas de trabajo. Cuando dejamos de trabajar los ingresos se dejan de percibir, exceptuando los periodos de baja por enfermedad o vacaciones. Requiere de un trabajo continuo. Por eso la mayoría de la gente no es financieramente independiente.

☐ INGRESO PASIVO (RESIDUAL):

o Es la más poderosa y rentable fuente de ingresos. Es un ingreso de dinero que seguimos cobrando sin importar lo que hagamos. El trabajo se hace una sola vez e incluso cuando no estás trabajando seguirá generando ingresos. Por ejemplo, cuando compramos una casa y la alquilamos, todos los meses cobramos el alquiler. Otro ejemplo son los derechos de autor por los libros, la música o el software informático. Se hacen una vez y se cobra por cada vez que se vende. También los negocios automatizados que no requieren que estemos presentes como los estacionamientos, lavanderías, máquinas recreativas etc. Pero sin duda la forma más efectiva de generar ingresos residuales es el Network Marketing, la inversión es mínima y su recuperación casi inmediata. En el multinivel según tu red va siendo más grande tus ingresos empiezan a duplicarse. Todo el trabajo que tus patrocinados hagan influirán en tus ingresos.

https://www.youtube.com/watch?v=a0b2-M9ffZ8

1.3. Sistemas Básicos de distribución

El dinero de una forma u otra está presente en cualquier parte allá donde mires. Es más que un simple papel, pieza metálica o número en una **pantalla**. Es parte fundamental en nuestros quehaceres diarios y afecta de forma importante a nuestras decisiones y calidad de vida. En este mundo globalizado las personas requerimos de dinero para hacer efectivas las necesidades básicas y llevar a cabo nuestros proyectos y sueños.

Principalmente el dinero se genera a través de los sistemas financieros y bancarios como por ejemplo al otorgar un préstamo aumentando la cantidad de dinero en circulación. Los gobiernos también emiten dinero con la fabricación de monedas y la impresión de billetes y una de las formas más comunes de hacerse con un ingreso monetario es entrar a formar parte de un sistema de distribución de productos y/o servicios. En líneas generales existen distintas formas de distribución de productos o servicios de las que a continuación nombraremos las más significativas:

1. DISTRIBUCION MAYORISTA:

   o Los distribuidores mayoristas compran productos a los fabricantes y luego los venden a establecimientos comerciales, pequeños negocios o tiendas minoristas.

2. DISTRIBUCION MINORISTA:

   o Compran productos a los mayoristas o directamente a los fabricantes y los venden al consumidor final.

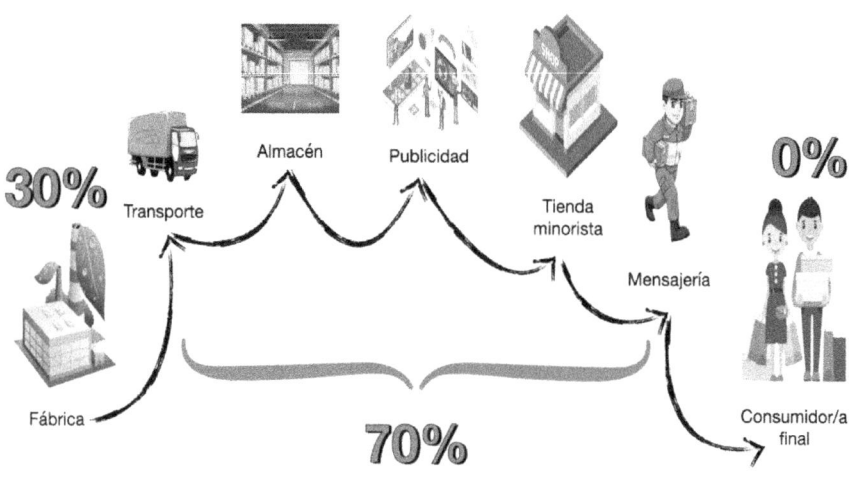

3. DISTRIBUCION DIRECTA (VENTA DIRECTA):

- o El fabricante o productor vende de forma directa los productos al consumidor final sin intermediarios como mayoristas o minoristas. Puede ser a través de tiendas de la marca, ventas online, vendedores propios que pertenecen a la plantilla de la empresa o agentes comerciales que actúan a nivel individual vendiendo en nombre y por cuenta del fabricante a cambio de una comisión. Algunos ejemplos de Venta Directa pueden ser Essen, Avon, Tupperware, Círculo de Lectores (recientemente cerrado en 2019), etc.

4. DISTRIBUCION EN RED (NETWORK MARKETING):

- o Aunque es un sistema de Venta Directa suele distinguirse de esta por ejemplo en el plan de compensación y se asemeja en aspectos como la forma de venta. La Distribución en Red o Network Marketing está compuesta por distribuidores independientes que trabajan por cuenta propia adquiriendo productos o servicios con descuento directamente a la empresa que representa. Posteriormente puede vender esos productos al consumidor al precio de venta publico obteniendo una ganancia. Los distribuidores pueden dedicarse exclusivamente a la venta de productos o servicios, pero donde realmente se obtiene un importante beneficio es en la creación de una red de distribuidores. Estos llegarán a una amplia cartera de clientes que consumirán los productos o servicios y de donde el distribuidor que recluta también obtiene un porcentaje de beneficio. Ejemplos de Distribución en Red serian Evergreenlife, Amway, Herbalife, etc.

Pero es importante entender que el Network Marketing no está recomendado para personas desempleadas. La construcción de una red de clientes y distribuidores puede demorarse entre 3 y 5 años. Por lo tanto, lo ideal es tener un empleo estable cuando comiences a trabajar en este modelo de negocio y que vayas aumentando tu red paso a paso. Sólo piensa en dejar tu empleo si las ganancias superan tu salario de una forma estable en el tiempo.

30%

Distribuidor/a independiente

70%

0%

Consumidor/a final

El emprendimiento es la capacidad de reconocer la creación de oportunidades incluso donde otros solo ven problemas

PAUL ZANE PILZER

2. QUE ES NETWORK MARKETING?

El Network Marketing también conocido como Redes de Mercadeo, Marketing Multinivel o MLM (por sus siglas en inglés, Multi Level Marketing), es una forma de distribución y venta de productos o servicios en el cual vendedores o distribuidores independientes hacen de intermediarios entre una empresa y el consumidor final. Este sistema permite crear un ingreso pasivo, te levantes del sofá o no. La empresa realiza el pago a través de un plan de compensación. La venta de productos o servicios es necesaria y obligatoria pero el porcentaje mayor de ganancia se encuentra en la formación de equipos. Es el sistema de mayor crecimiento hoy en día y el que menos se conoce. Grandes expertos en finanzas y economía como Donald Trump y Robert Kiyosaki lo llaman: "El Negocio del Siglo XXI". En el Network Marketing, eres un distribuidor independiente que compra directamente a la empresa productos con descuento y los vende al por menor al PVP recibiendo tu ganancia. Puedes dedicarte a la venta si así lo deseas, pero para generar un ingreso realmente importante debes construir una red de consumidores asociados a la empresa, es decir tienes que hacerte de un equipo y crear tu estructura. Se necesita patrocinar y enseñar a patrocinar mientras se crea una cartera de clientes. La publicidad se lleva a cabo en un 90% de boca en boca y no de puerta en puerta. Es responsabilidad del Patrocinador enseñarle a toda persona que introduce en el negocio todo lo que sabe a cerca del mismo. Distinto es que el patrocinado se deje aconsejar, se deje llevar por los pasos que su patrocinador le marca. Todo esto hasta que se consiga la duplicación que se busca conseguir. En el Network Marketing todos empezamos desde el mismo punto de partida y todos tenemos la oportunidad de desarrollar una organización. Una persona nueva puede construir una estructura más grande que la persona que lo patrocinó y ganar mucho más dinero.

2.1. Algunas Características comunes del Network Marketing:

☐ Estructura de red: El Network Marketing se basa en una estructura en red de distribuidores independientes. Los distribuidores pueden reclutar y patrocinar a otros distribuidores, creando una red de asociados que puede crecer en profundidad y amplitud.

☐ Compensación Multinivel: Los distribuidores pueden generar ingresos por las ventas directas que realizan y también por las ventas hechas por las personas que reclutan en su red. De esta forma se crean los ingresos pasivos y la posibilidad de promocionar en la estructura. Existen distintos planes de compensación.

☐ Productos o Servicios: Normalmente el Network Marketing suele estar asociado con la venta de productos o servicios de una empresa en particular. Estos productos pueden ser de diversas categorías, como productos de salud y bienestar, cosméticos, suplementos nutricionales, productos para el hogar, entre otros. Es importante que los productos o servicios sean de calidad.

☐ Independencia y flexibilidad: Los distribuidores de Network Marketing suelen tener la libertad de establecer sus propios horarios y trabajar de forma independiente. Pueden elegir cómo y cuándo promover los productos y tienen la posibilidad de trabajar desde casa o en cualquier lugar que elijan. Esto proporciona flexibilidad y una oportunidad de emprendimiento para aquellos que buscan una carrera autónoma.

☐ Capacitación y apoyo: Las empresas de Network Marketing suelen ofrecer capacitación y apoyo a sus distribuidores. Esto puede incluir capacitación en ventas, marketing, desarrollo personal y habilidades de liderazgo. Además, suelen proporcionar herramientas de marketing, materiales promocionales y sistemas en línea para facilitar el seguimiento de las ventas y el crecimiento de la red

☐ Bajos costos iniciales: En comparación con otros modelos de negocios tradicionales, el Network Marketing suele tener bajos costos iniciales de entrada. A menudo, se requiere una inversión inicial para comprar un kit de inicio o productos para comenzar, pero los costos suelen ser mucho menores en comparación con el lanzamiento de un negocio convencional.

☐ El trabajo del distribuidor: Básicamente son dos funciones las que tiene que realizar. Distribuir los productos y ayudar a otras personas distribuidoras a desarrollar el mismo modelo de negocio. En definitiva, cada persona participante gana en la venta de productos y por enseñar a otras personas a ganar. Es la llamada Duplicación.

☐ <u>Requisitos</u>: El negocio lo puede desarrollar cualquier persona, independientemente de su formación, sexo, o antecedentes laborales. No hay límite de acceso, cualquiera puede empezar. El límite de los ingresos depende del esfuerzo, constancia y habilidades de cada una de las personas distribuidoras.

Es importante destacar que, si bien el Network Marketing ofrece oportunidades de ingresos potenciales, no todas las empresas de MLM son legítimas. Al considerar unirse a una red de mercadeo, es crucial investigar y evaluar cuidadosamente la empresa y su plan de compensación para asegurarse de que cumpla con los requisitos legales y éticos, y para determinar si es la opción adecuada para tus objetivos y habilidades.

En el Network Marketing el objetivo es crear un grupo de distribuidores que lleguen a personas que consuman un número indeterminado de productos comprados a la empresa. Cada distribuidor tiene un código que lo identifica frente a la empresa como independiente. Debes inscribir a personas bajo tu código para que la empresa sepa a quien dirigir los pagos de las comisiones.

Por ejemplo:

Tú patrocinas a tres personas y las enseñas a patrocinar a otras tres, ya son 9. Seguidamente estas patrocinan a otras 3 y ya son 27. Si se desciende un nivel más serian 81 y luego 243, así sucesivamente. Hasta aquí si sumamos todas estas personas serían un total de 363 consumiendo productos de la empresa todos los meses. Si cada persona comprara productos por un valor de 60 euros y la empresa nos pagara el 15%, es decir 9 euros, estaríamos recibiendo 363 personas x 9 euros = 3267 euros al mes.

Si el ejemplo en vez de hacerlo con 3 lo hacemos con 4, de 363 personas pasarían a 1364 que multiplicado por 9 euros serian 12276 euros. Y la DIFERENCIA SOLO RADICA en que todos los de la estructura tuvieron que patrocinar a UNA persona más.

Si hacer el ejemplo en vez de 4 lo hacemos con 5 se dispararía la cosa y así sucesivamente.

Pero todo no es tan bonito. Las tres, cuatro o cinco personas que encabezan la fila representan a las personas que tu patrocinas directamente y que quieren construir su negocio en serio, pero para encontrar a estos/as líderes posiblemente se tengan que patrocinar a un mínimo de 10 a 15 personas. De estas la mayoría dejan de ser constantes.

QUE ES NETWORK MARKETING

https://www.youtube.com/watch?v=Pj7Xpfltwvo

El éxito en el marketing multinivel no se trata de encontrar a la persona adecuada si no de convertirte en la persona adecuada

No busques personas perfectas en el marketing multinivel busca personas comprometidas

ERIC WORRE

3. QUIEN ES UN NETWORKER

Un networker puede ser cualquiera, es una persona que trabaja con ilusión, con persistencia y con constancia, siempre enfocado en la consecución de un objetivo previamente marcado. Al Network Marketing puede acceder cualquier persona con cualquier tipo de interés y de formación. Un networker es una persona sociable que le gusta conocer y hablar con la gente y hacer nuevos amigos. Como consecuencia, amplía su red de contactos llevando su negocio al siguiente nivel. Si no eres de esas personas extrovertidas también puedo decirte que las habilidades sociales se entrenan y llega a ser posible que te conviertas en la persona que quieras ser.

3.1. Características de un networker

Las habilidades y actitudes más valoradas en un networker son las siguientes:

- Inquietud de superación y formación.
- Optimistas y resilientes, enfocados en las soluciones y no en los problemas.
- Que tengan un poco de comercial y herramientas para despertar la ilusión de las personas.
- Saber escuchar más que hablar.
- Ser una persona tolerante.

3.2. A Que se Dedica

Un networker desde que se levanta por la mañana debe dedicarse a:

- Promocionar su producto o servicio, para ello realiza presentaciones.
- Dar a conocer la empresa que representa y el negocio que realiza.
- Expandir su red haciendo nuevos contactos.
- Ayudar a sus afiliados, si ganan ellos gana el.

3.3. Que Conocimientos Tiene

A la hora de comenzar un negocio multinivel no es requisito tener conocimientos previos, pero si es interesante la autoformación y el desarrollo de ciertas habilidades como:

☐ Sociales, aunque no hace falta ponerse en un escenario dirigiéndose a una multitud. Pueden hacer relaciones sociales por RRSS o presentar los productos de la empresa o explicar el negocio mediante un webinar.

☐ Ganas de aprender, la autoformación es fundamental ya sea leyendo libros, viendo tutoriales, etc. Buscar y dejarse aconsejar por un buen mentor y tener afán de superación afán y estar siempre a la vanguardia en técnicas, estrategias y herramientas de marketing.

☐ Tener buenas ideas y llevarlas a la acción son consecuencia de buenos resultados

3.4. Como Empieza el Negocio

☐ Primero encontrar una empresa con un buen producto o servicio.

☐ Continuar aprendiendo durante todo el proceso.

☐ Dedicarle al negocio un mínimo tiempo por día.

☐ Mientras más aprenda más beneficio obtiene

3.5. Como Vive

El estilo de vida de un networker se puede definir como "libertad". Es el estilo de vida que muchos desean tener. No es tener mucho dinero o mucho tiempo, es tener esas dos cosas juntas y se lo que ahora estás pensando y es que es imposible pero no es así. Se puede conseguir. No digo que sea fácil de alcanzar, no digo que no haya que trabajar pero que se consigue no me cabe duda.

La gente optimista ve oportunidades en las dificultades mientras que la gente pesimista ve dificultades en las oportunidades

VICTOR KUPERS

4. ORIGEN, HISTORIA Y EVOLUCION DEL NETWORK MARKETING

Quisiera advertir que las fechas y los datos aquí arrojados son aproximados, la posible inexactitud en los años de los acontecimientos puede justificarse por diversos factores que afectan a la recopilación de datos y documentación histórica. Estas imprecisiones no deben interpretarse como falta de rigor, sino como reflejo de la complejidad y transmisión de información a lo largo de los años.

En el transcurso de la línea temporal no haré distinciones en la aparición de empresas multinivel, guiándome estrictamente por el orden cronológico, citándolas según su año de inauguración.

Los primeros indicios de una venta directa en la que se hacían llegar los productos directamente desde la fábrica a los consumidores podemos datarlos en…

☐ **1861**, cuando en EEUU los primeros vendedores directos ambulantes ya despuntaban. En aquel año ya podría haber unos 1.000 vendedores.

☐ **1868, Joseph. Ray. WATKINS** en Houston, Texas inicia "WATKINS PRODUCTS", la cual se dedica a la venta de vitaminas. Fue la pionera en permitir que distribuidores independientes compraran al por mayor para vender al por menor iniciándose así la venta directa.

☐ **1869**, ya existían 50.000 vendedores, en tan solo 8 años la venta directa creció un 5.000%.

☐ **1886**, a finales del S. XIX, **David H. Macconnel** vendedor de libros, realiza una promoción regalando perfumes a sus clientes habituales, dándose cuenta que a las mujeres les interesaban más los perfumes que los libros. A partir de ahí crea "CALIFORNIA PERFUME COMPANY" y contrata a una mujer llamada **PFE Albee** quien se convirtió en distribuidora por todo el norte de EEUU.

☐ **1920,** Se crea la **DSA** (Direct Selling Association) una asociación de agentes de crédito y venta directa, que agrupa más de 150 compañías que se dedicaban a la misma actividad. Esta asociación regulaba una serie de normas de pagos, contratación y calidad de productos. Por entonces ya había más de 100.000 distribuidores. Se inicia con esta asociación la recopilación de normas para el desempeño lícito de la actividad de venta directa.

☐ **1934,** El Doctor **Carl F. Rehnborg** cayó preso de un campo de concentración chino, lo que le hizo concienciarse de la nutrición en circunstancias extremas. Al salir en libertad crea "CALIFORNIA VITAMINS". Esta compañía es la primera en dejar reclutar a personas cobrando comisiones hasta 55 en dos niveles, se dice que es la primera compañía multinivel.

☐ **1939,** "CALIFORNIA VITAMINS" pasa a llamarse **"NUTRILITE"** y "CALIFORNIA PERFUME COMPANY" pasa a llamarse "**AVON**". Por entonces ya hay 2 millones de distribuidores.

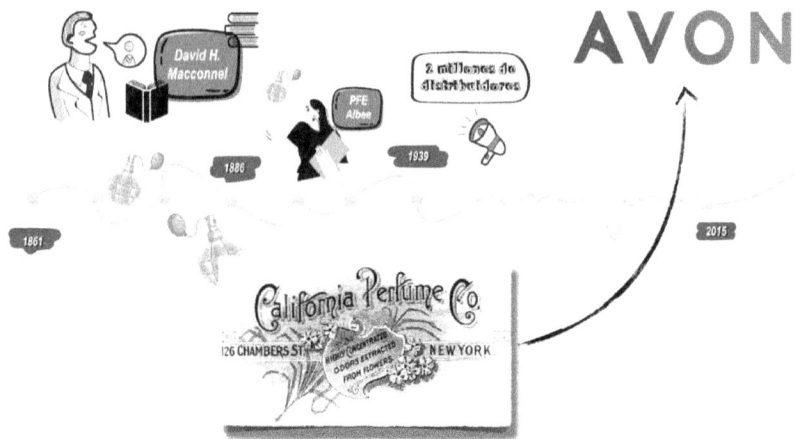

☐ **1945**, "**NUTRILITE**" crea el primer plan de compensación.

☐ **1945, Earl TUPPER** crea "**TUPPERWARE**"y una mujer llamada **Brownie Wise** fue la pionera en realizar reuniones en las casas de los anfitriones para hacer demostraciones de productos (home meeting).

☐ **1959**, en EEUU, **Richs DEVOS** y **Jay Van ANDEL** (vendedores de NUTRILITE) estaban involucrados en una disputa legal en la que se los acusaba de publicidad engañosa ante la **FDA** (Food and Drug Administration), agencia del Gobierno de los EEUU responsable de la regulación de alimentos, medicamentos, cosméticos, aparatos médicos, productos biológicos y derivados sanguíneos. Tras la polémica dejan "**NUTRILITE**" y crean "**AMWAY CORP**." En su primer año 56 superan los 500.000 dólares de facturación, siendo la primera compañía en pagar a tres generaciones.

☐ **1963**, **Mary Kay Ash** crea "**MARY KAY**"

En aquellos años debido a la fama y al gran crecimiento de las empresas multinivel, surgieron estafadores que se aprovechaban de la estructura multinivel para engañar a las personas haciéndoles ver que tenían el mismo sistema de negocio.

Uno de los estafadores más famosos fue **Carlo Ponzi,** quien consiguió defraudar unos 20.000.000 de dólares, equivalentes a unos 225.000.000 actuales, engañando con un sistema piramidal.

☐ **1972,** "**AMWAY**" compra a "**NUTRILITE**".

☐ **1975,** la **FTC** (Federal Trade Commission), agencia independiente del Gobierno de los EEUU encargada de promover los derechos de los consumidores y la eliminación y prevención de prácticas que atentan contra la libre competencia, acusa a "**AMWAY**" de pirámide, saliendo esta airosa del litigio dando a conocer a la población la legalidad de los sistemas multinivel.

☐ **1975-1979**, el mundo de la industria de la venta directa y del multinivel pasa por unos años de crisis por distintas demandas de fraudes (AMWAY).

☐ **1978**, En plena crisis se funda "**FOREVER LIVING PRODUCTS INTERNATIONAL**".

☐ **1979**, La **FTC** establece la legitimidad del **Network Marketing** en sentencia FTC93-618.

☐ **1980**, **Mark HUGUES** funda "**HERBALIFE NUTRITION**". A los 2 años ya facturaba 2.000.000 de dólares.

☐ **1993**, **Greg Provenzano, Robert Stevanovski**, Tony **Cupisz** y **Mike Cupisz** crean "**ACN**" (All Communications Network of Canadá Co.) comunicaciones y seguros.

☐ **2011**, **Livio Pesle** funda "**EVERGREEN LIFE PRODUCTS SLR**", sociedad dedicada al bienestar físico y económico de quien ama su bienestar y comparte con los demás los beneficios.

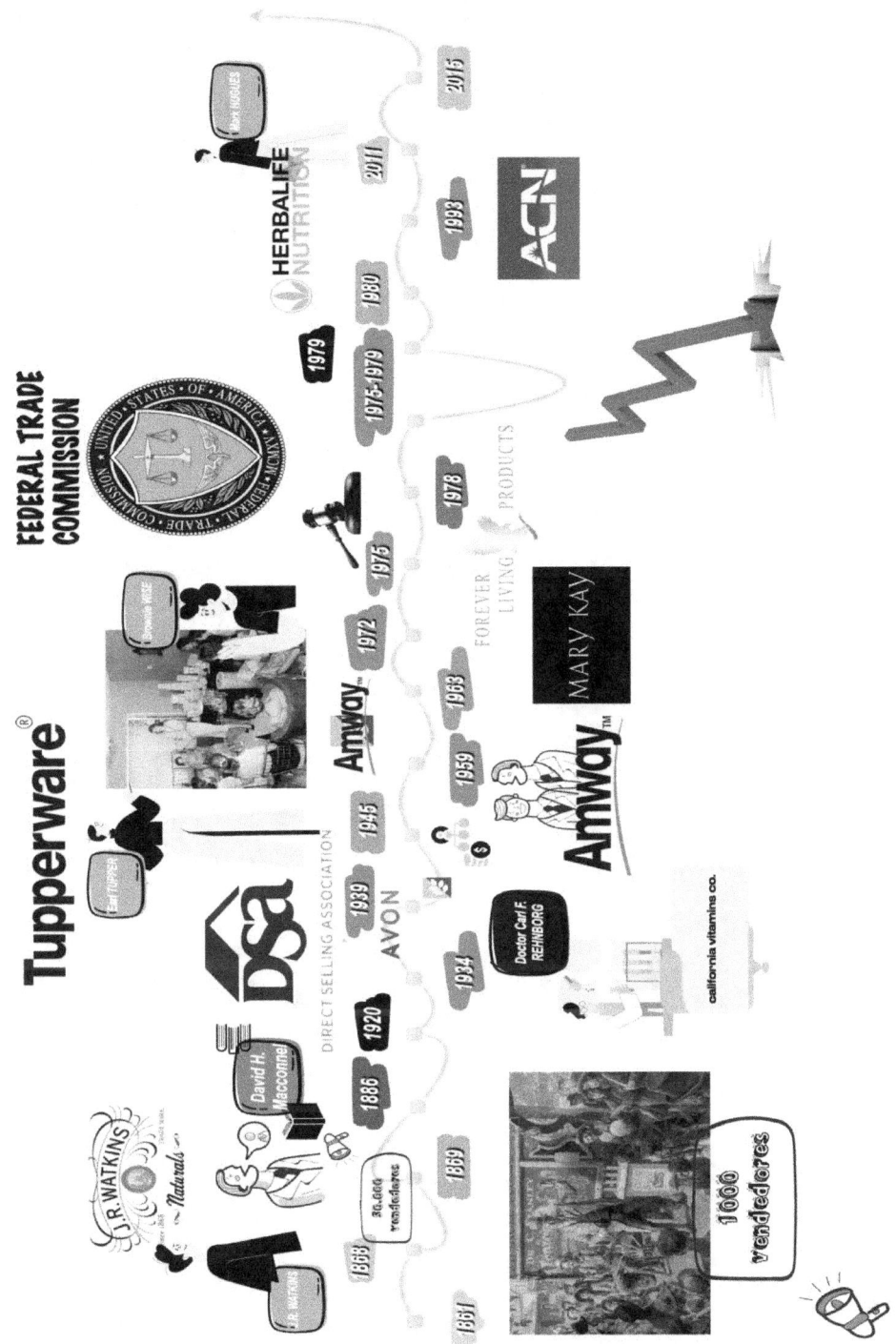

61

No tienes que ser el mas grande para lograr grandes cosas

DONAL TRUMP

5. TIPOS DE PLANES DE COMPENSACION

En líneas generales los Planes de Compensación son los que mantienen viva la actividad y los negocios multinivel. Son parte de la esencia e idiosincrasia de la empresa mostrando los valores que aporta esta. Las personas que forman parte de la estructura son remuneradas en base a unos planes de pago.

Mas concretamente un Plan de Compensación es el conjunto de estrategias que la compañía ha diseñado para pagar a los distribuidores independientes por su actividad, desde el primer momento en el que deciden unirse a la empresa. Estas compensaciones serán proporcionales tanto a las ventas personales que realicen como a las ventas que realicen los distribuidores que hayan reclutado, consiguiendo el distribuidor diferentes calificaciones.

Para la creación de la estructura de los Planes de Compensación existen dos características fundamentales que hacen que unos planes se distingan de otros. En primer lugar, tenemos **la frontalidad**, que es el número de patrocinados directos que puede tener un distribuidor independiente y en segundo lugar **la profundidad**, es decir el numero niveles de patrocinados que puede tener un distribuidor independiente en su línea descendiente.

Las compensaciones se abonan, según las distintas estructuras de bonos y de comisiones, que son diferentes, dependiendo del plan de compensación al que se acoja la empresa. Cada plan de compensación tiene sus propias ventajas y limitaciones.

Veamos de una forma muy superficial los seis principales Planes de Compensación que utilizan las empresas de Network Marketing y que considero más importantes.

5.1. Plan Escalonado o Por Ruptura

También conocido como Stairstep/Breakaway. Nació en los años 50, y fue el primer plan de compensación que surgió en el Network Marketing, todas las empresas que iniciaron su actividad en multinivel, adoptaron este plan de compensación. Las empresas que utilizan este plan se dedican principalmente a la venta de productos y a la captación de distribuidores en frontalidad. Para promocionar de calificación es necesario hacer grandes ventas de productos, de hecho, está diseñado para la venta de productos y no para la creación de redes.

Los beneficios se obtienen de dos maneras distintas:

Primero en base al volumen total de las ventas que genera el equipo. Según se van vendiendo más productos se va subiendo de calificación consiguiendo un mayor porcentaje de beneficios en las comisiones pagadas por la empresa. Según el equipo vaya creciendo en número de componentes, el Upline, que es la persona que está en la cúspide de la estructura, tendrá mayores descuentos en la compra de los productos y mayores beneficios a la hora de las ventas.

Segundo, cuando un distribuidor llega a una cierta calificación importante en la empresa en la que se iguala a su patrocinador se desvincula de sus patrocinadores. Se produce de esta forma la ruptura y todo su equipo se ira con él. A partir de ahí este nuevo líder pasará a recibir aproximadamente el 5% del volumen del negocio de la red creada por el mismo.

Como distribuidores directos o distribuidores de primer nivel, puedes patrocinar a todos los que quieras sin tener límite alguno, aunque si existen limitaciones a la hora de la profundidad.

En la actualidad, el 39 % de las empresas usan este tipo de plan de compensación. A día de hoy, empresas que destacan y que utilizan este plan de compensación son Amway, Herbalife y Forever Living.

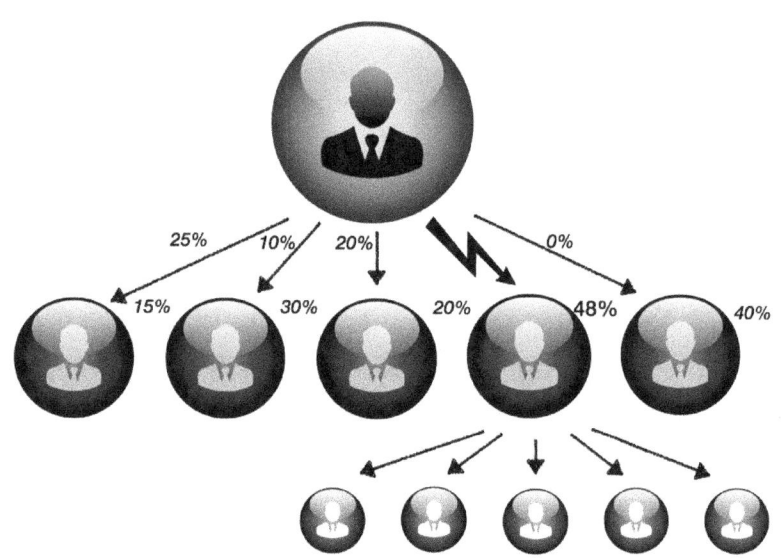

5.2. Plan de Unilevel

Llamado igualmente Plan de Compensación Uninivel o Plan de Nivel Único.

En los años 80 empezaron a utilizarlo varias empresas de Network Marketing y actualmente este tipo de Plan de Compensación lo utilizan un 37 % de las compañías.

Este plan no tiene límite en su frontalidad, dándole de esta forma más estabilidad al negocio, pero si está condicionado en su profundidad variando, según la compañía, entre tres y doce niveles.

Este plan está ideado para gratificar más a las personas que mayores logros consiguen como por ejemplo consiguiendo mayor número de patrocinados y creando más líderes de forma duplicable (una vez que enseñas a tu patrocinado este enseña a su vez a sus patrocinados), teniendo así, una política meritocrática.

En caso de que un distribuidor cesara en su actividad, los beneficios generados por su DownLine, es decir, su equipo, serán recibidos por quién esté por encima de la persona que deja de estar activo y que cumpla los requisitos de calificación que le exija la empresa.

A lo largo de los años, este Plan de Compensación se ha ido complementando con bonificaciones en forma de bonos, como por ejemplo el de <u>comprensión dinámica</u>, el de <u>inicio rápido</u>, el <u>generacional</u>, el bono <u>por accidente</u>, etc.

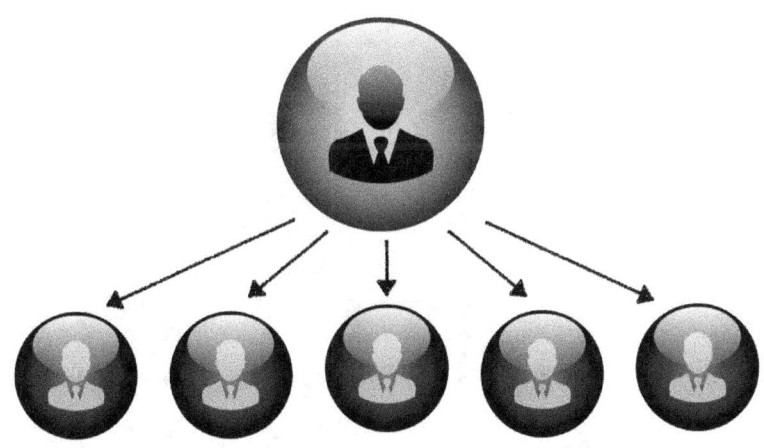

5.3. Plan Matricial

Conocido también como Plan Matriz, surge en los años 80 como alternativa al Plan Escalonado o Por Ruptura y está limitado tanto en frontalidad como en profundidad por lo cual lleva aparejado un tope de ingresos. Hay distintos tipos de sistemas matriciales variando en el ancho de la frontalidad como en el hondo de la profundidad, por ejemplo: 2×9, 2×12, 3×9, 4×7, 5×7, 7×2 donde el primer número indica el máximo número de personas que puede tener de forma lineal y el segundo número te indica los niveles de profundidad máximo de esa matriz.

Este plan no es muy justo, ya que beneficia a los distribuidores que no ejercen su actividad de forma rentable. Con este Plan un distribuidor que complete el número máximo en su primer nivel tendría que colocar a su siguiente patrocinado debajo de alguno de sus patrocinados directos.

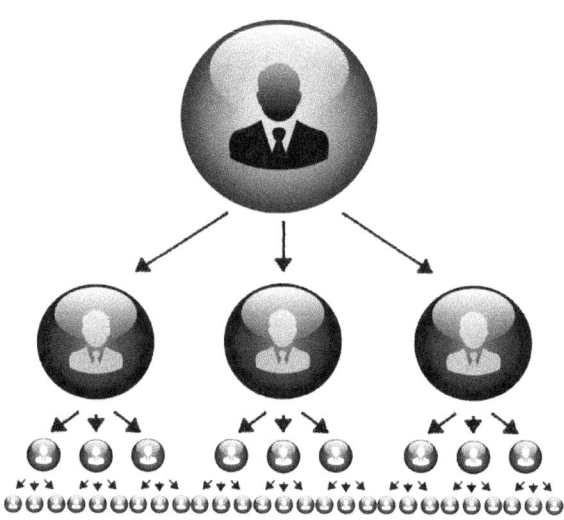

5.4. Plan Binario

Nace en los años 90 y consiste en la construcción de una red partiendo exclusivamente de dos líneas en tu frontalidad, uno a la izquierda y otro a la derecha. Sin embargo, no tiene límite en la profundidad. Todos los patrocinados, qué comiencen a formar parte de tu equipo tendrán que ir en una de esas dos líneas, tratando de mantenerlas equilibradas ya que este Plan de Compensación paga únicamente por el porcentaje global de la línea más débil, la que menor volumen de consumo genere. Si un distribuidor patrocina más de dos personas deberán ir colocadas en los niveles inferiores.

En los demás planes de compensación, como el escalonado por ruptura, el uninivel y el 2 up australiano, las comisiones se cobran por niveles de profundidad y en un binario se cobran por volumen de producto y no por niveles.

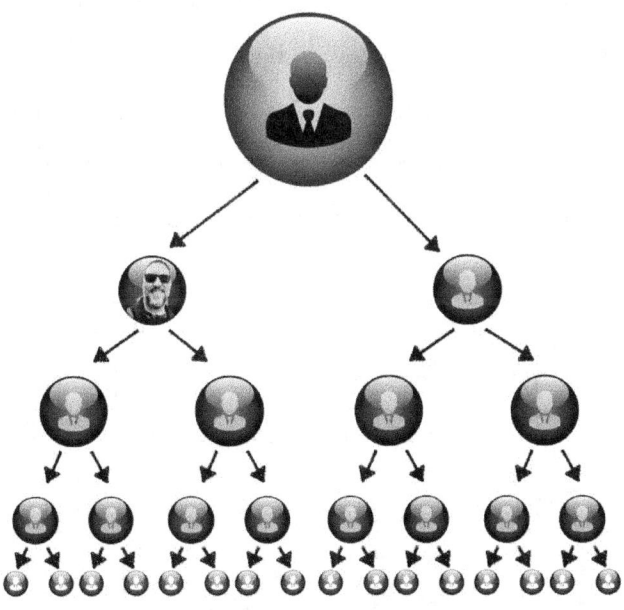

5.5. Plan Binario Híbrido

Este plan de compensación es una combinación entre el Plan Binario y el Plan Unilevel.

Por una parte, consiste en la creación de dos únicas líneas en la frontalidad y los nuevos patrocinados se colocarán de forma alternativa unas veces en la izquierda y otras en la derecha, buscando el equilibrio, ya que como hemos mencionado en el apartado anterior este plan paga sobre el volumen general de la línea más débil.

Por otro lado, de cada una de las personas que patrocina un distribuidor y asimismo de la línea descendente, se percibirá un porcentaje del volumen de negocio que haya conseguido la línea que está debajo tuya.

Todos los afiliados comienzan a formar parte del sistema acogidos al Plan Binario recibiendo bonos de inicio por las primeras compras, pero los siguientes beneficios obtenidos de las siguientes compras o ventas mensuales las reciben de la estructura Unilevel que se crea de forma paralela en la construcción de la red. Es decir, existen dos sistemas de comisiones, el Binario y el Unilevel.

Es el plan de mayor sinergia y de más trabajo en equipo. Es un plan que paga semanalmente y premia a esos networker que quieran trabajar y crecer. Es el plan de compensación más moderno y está siendo utilizado por la mayoría de las empresas que nacen hoy en día.

Tiene infinidad de bonos (inicio rápido, liderazgo, generacionales, por alcance de rango, etc.

5.6. Plan 2-Up Australiano

Este es un Plan de Compensación que nació en la década de los años 80 en EEUU, aunque principalmente se utilizó en Australia.

Consiste en que los dos primeros patrocinados que consigue un distribuidor independiente pasan a ser parte directa de su patrocinador como si hubiera sido este quien los hubiera ingresado y no es hasta un tercero cuando pasan a ser parte directa del equipo del distribuidor independiente. Si los dos primeros patrocinados que se ha quedado el upline no hicieran su negocio multinivel, habría que volver a proporcionarle otros dos patrocinados nuevos.

Lo mismo ocurre a los patrocinados del distribuidor independiente, siempre los dos primeros inscritos pertenecerían a dicho distribuidor independiente. Existen variaciones como 1 Up o 3 Up.

Este plan se utiliza poco, prácticamente solo el 2% de las empresas lo incluyen como forma de pago.

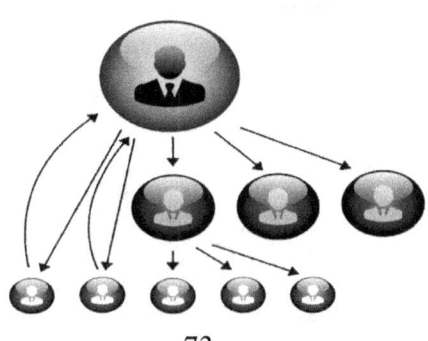

Si naces pobre no es tu culpa

pero si mueres pobre si es tu culpa

BILL GATES

6. SISTEMA PIRAMIDAL

Un Sistema Piramidal, también conocido como Esquema Ponzi, es una operación financiera insostenible que parece ser rentable mientras los nuevos inversores aporten fondos para financiarla.

Es un fraude que consiste en pagar a los inversores existentes en la red con el dinero que invierten los nuevos miembros del sistema.

Una persona recluta inversores a los que promete un gran beneficio por su dinero, pagando una alta rentabilidad que se financia con los ingresos de los inversores posteriores. En lugar de utilizar el dinero de los nuevos inversores como se indicó al ofrecer la oportunidad de negocio, se utiliza para pagar el rendimiento mensual a los inversores que ya pertenecen al sistema. Los inversores que reciben altos rendimientos con mucha probabilidad reinvertirán sus ganancias e informarán a sus amigos y familiares quiénes seguirán el consejo e invertirán pensando en conseguir también altos rendimientos. Realmente los inversores no están invirtiendo en ningún negocio, desconociendo totalmente que cobrarán de los fondos aportados por los posteriores inversores.

Llega un momento en el que ya no se encuentran nuevos inversores para pagar a los ya existentes en el sistema y el esquema se vuelve inestable y termina quebrando, momento en el que el estafador desaparece con todo el dinero.

Los estafadores que utilizan Esquemas Ponzi suelen ofrecer el negocio confundiéndolo con empresas de Network Marketing prometiendo un riesgo bajo y altos beneficios de la inversión.

FUNCIONAMIENTO

Cómo he citado anteriormente, el estafador capta inversores prometiéndoles ganar mucho dinero en poco tiempo y sin riesgo. Hoy en día utilizan las redes sociales desenvolviéndose con gran soltura en Facebook, Instagram, YouTube, etc., manteniendo contacto con personas que pueden ser susceptibles futuros perjudicados, incluso contactando con amigos y familiares, gozando estos ya de una previa confianza para que inviertan con él.

Los estafadores ofrecen una actividad lucrativa para ganar mucho dinero, de forma rápida y casi sin esfuerzo. Les explicarán a los inversores que el dinero se destina a un proyecto sostenible y seguro como, por ejemplo, inmuebles, metales preciosos o cualquier negocio fácil de entender. Los promotores de los Esquemas Ponzi se dedican principalmente a la captación de nuevos inversores.

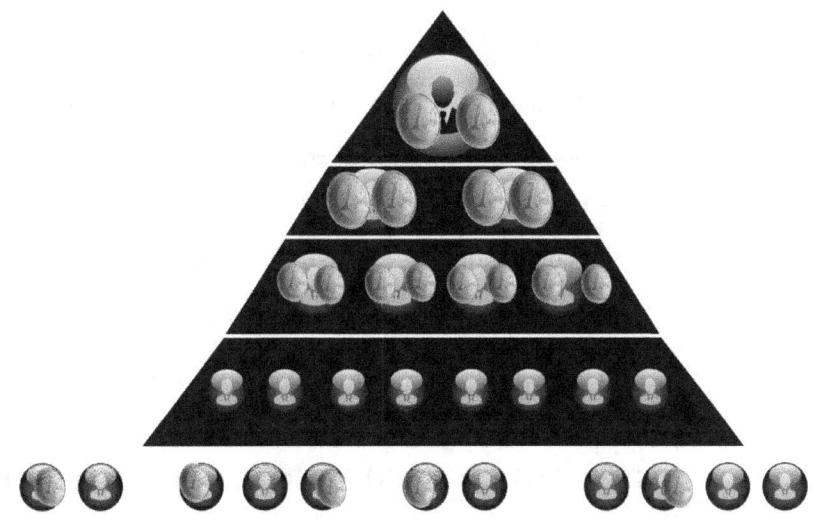

CARACTERISTICAS

☐ Siempre se ofrece un beneficio, a pesar de que los valores del mercado suban o bajen. Cómo se puede saber, en los mercados siempre existe una fluctuación, por lo que si el beneficio ofrecido es siempre ascendente sin proporcionalidad directa al mercado ya da que pensar.

□ Los promotores carecen de licencia legítima y no están oficialmente registrados.

□ No dispones de facilidad para retirar tus pagos o la inversión inicial, aunque el éxito de la inversión sea supuestamente tangible. Normalmente, cuando el inversor decide retirar sus fondos, suele ser tentado con mayores ganancias en un futuro a cambio de permanecer en el sistema.

□ No existe una transparencia clara de las técnicas o estrategias del negocio a pesar de la simplicidad del esquema, argumentándose a los inversores que la inversión suele ser secreta o sofisticada explicándola en términos difíciles de entender. Existe una atmósfera de complejidad característica de los sistemas piramidales y esto no es fruto de la casualidad, más bien está diseñado para camuflar la verdad.

SEÑALES QUE PUEDEN INDICAR QUE ESTÁS ANTE UN SISTEMA PIRAMIDAL

Cuando te ofrezcan una oportunidad de negocio para no caer en la trampa, ten en cuenta las siguientes indicaciones, ya que a primera vista es difícil detectar si te encuentras ante un negocio multinivel o un esquema Ponzi.

□ Pregúntate si es una oportunidad demasiado buena.

□ Desconfía si te ofrecen una rentabilidad superior a la media

- Los esquemas Ponzi suelen anunciarse de boca en boca a través de amigos y familiares, divulgándose en grupos pequeños para ganar confianza.

- Suelen ofrecer el negocio a personas sin desenvoltura en el ámbito financiero.

- Si te gusta arriesgar tu dinero y sueles ser una persona confiada, consulta antes con alguien que se dedique a las inversiones.

Si quieres invertir tu dinero, procura tomar unas mínimas medidas de precaución, estudia la empresa o proyecto que te ofrezcan, asegúrate que posee unas garantías reales. Investiga cuál es exactamente el riesgo al que te enfrentas. No dudes en abandonar el proyecto y exigir que te devuelvan tu inversión en cuanto tengas la más mínima duda.

INDICADORES DE QUE ESTAS ANTE UNA SISTEMA PIRAMIDAL CAMUFLADO EN UNA EMPRESA MULTINIVEL:

REFERENTE A LA EMPRESA:

- ¿La empresa te exige reinvertir en la propia empresa?

- ¿Se puede aumentar el beneficio solo con el volumen de compra?

- ¿Necesariamente tienes que reclutar a gente para ganar dinero?

- Toda empresa de Network Marketing tiene que tener venta. Si solo tiene reclutamiento es una pirámide.

- Te prometen rentabilidad fija y eso no es posible. Las comisiones son según las ventas.

- No queda claro el flujo del capital.

- Tienes límites para retirar el dinero. No puedes retirar el dinero de inmediato.

- ¿La empresa está registrada en tu país?

- ¿La empresa opera en tu país y paga impuestos?

- ¿La empresa suele moverse en países con poca regulación?

- ¿Dónde está fundada la empresa y donde opera?

- ¿Están refugiadas en paraísos fiscales para evadir mercados regulados?

- No tienes que hacer absolutamente nada, solo haber invertido.

- Tiene que tener un sistema duplicable contando con unas presentaciones estándar, materiales de patrocinio y entrenamientos. Todos los distribuidores independientes del sistema tienen que seguir el mismo plan educativo.

REFERENTE AL PRODUCTO:

☐ No se entiende su utilidad, no es práctico o no tiene utilidad fuera de la red.

☐ ¿El precio del producto realmente vale eso?

☐ El producto nunca puede ser una moneda o instrumento financiero, por ejemplo, criptomonedas, porque no se tiene control del precio del instrumento financiero. Un producto se cuánto me vale producirlo y a cuanto lo vendo por lo que conozco el margen de beneficio. Un instrumento financiero fluctúa por lo que no sé cuánto sería el beneficio o incluso la pérdida.

☐ Tiene un producto que se puede comprar y que el dinero que se reparte en la red proviene de la compra y venta del producto.

☐ El producto no solo lo tienen que consumir los propios distribuidores, sino que también deben existir clientes.

☐ ¿Comprarías el producto, aunque no estuvieras dentro del negocio? ¿Lo pagarías como cliente?

☐ ¿El producto se puede conseguir fuera de la red a igual o mejor precio o calidad?

☐ ¿Es necesaria la empresa para conseguir el producto

☐ Para que el producto sea idóneo para trabajarlo en MLM debe:

- Ser reconsumible (una membresía no es reconsumible). La idea de ingreso residual es que tus ingresos puedan aumentar incluso sin que tu equipo aumente y solo en base a los clientes.

- Producto accesible

Una vez que se conocen los puntos que te indican que te encuentras ante un esquema Ponzi y a pesar de su enmascaramiento de complejidad, te resultará sencillo detectar este tipo de estafa evitando ser una víctima más. Asimismo, hay que puntualizar que ilegal no es lo mismo que ilícito, una empresa puede ser legal y estar correctamente fundada e inscrita pero la forma de ganar dinero o el modelo de negocio no es licito por la escasez de regulación que hay en muchos países (por ejemplo, países del este, países asiáticos, países árabes, etc.).

Muchas estafas salen a la luz por algún detalle sin importancia o casi por casualidad, siendo los inversores los que con menos probabilidades y por ignorancia dan a conocer el fraude.

ESQUEMA PONZI

https://www.youtube.com/watch?v=C4jd5roRPOE&t=33s

6.1. Carlo PONZI

Los sistemas piramidales existen en sus diversas variedades desde que se inventó el trueque, volviéndose más complejo desde el momento en el que aparece la moneda y las inversiones.

Las estafas ya eran muy conocidas en Inglaterra en el siglo XIX. En 1844 Charles Dickens ya había escrito sobre estafas parecidas, pero dada su relevancia, los Esquemas Ponzi deben su nombre a **Carlo Ponzi**, un estafador italiano que, aunque no fue el primero en llevar a cabo una estafa Ponzi, ya en 1920 ofrecía la devolución de la mitad del dinero invertido en cupones postales en los primeros 45 días o la devolución íntegra dentro de los siguientes 90 días.

Carlo PONZI, fue detenido en varias ocasiones por delitos como la falsificación de la firma de una mujer que guardaba el dinero en el banco en el que él trabajaba y por su participación en un delito de tráfico de Seres Humanos ayudando a inmigrantes italianos a entrar en el país sin acceder por un puesto fronterizo. Pero por el delito que realmente se le conoció, fue la estafa que realizó a través de la creación de un esquema piramidal.

Se dio cuenta que los sellos postales emitidos por la Unión Postal Universal (UPU) eran vendidos en todos los países. Estos cupones podían comprarse en Italia a muy bajo precio y enviarse a Estados Unidos, canjeándose por estampillas de correo estadounidense que, al cambio, tenían un valor más elevado. Creó la empresa Securities Exchange Company y comenzó a vender cupones de respuesta postal prometiendo beneficios del 50 % en 45 días o del 100 × 100 a los 90 días.

Todo funcionaba bien hasta que Clarence Barrón publicó un informe y en el que informaba que Carlo PONZI no invertía nada de sus beneficios en la empresa. Calculó que para hacer efectivo los pagos de los rendimientos de las inversiones hacían falta 160 millones de cupones cuando la UPU tan solo tenía 27.000 en circulación. A partir de ahí la pirámide montada por Carlo PONZI se desmoronó y tras ser denunciado, el 1 de noviembre de 1920 fue declarado culpable de fraude y se le condenó a cinco años de prisión.

6.2. Tipos de Sistemas Piramidales

Existen 2 tipos de Sistemas Piramidales: estafas piramidales abiertas y estafas piramidales cerradas.

6.2.1. Pirámides abiertas

De estos tipos de timos podríamos decir que son como un «fraude a medias». La explicación a esto es que **todos los participantes** conocen su estructura y cómo funciona el negocio. En todo caso sí existe un cierto engaño, aunque los participantes lo nieguen porque muchos no están informados de algunos conceptos o las consecuencias reales. En internet existen multitud de programas de este tipo conocidos como HYIP que duran pocas semanas y en las que conseguir una rentabilidad de este tamaño es muy difícil.

Un ejemplo de estafa piramidal abierta son las **Células de la Abundancia** también conocidas como telar de la abundancia, flor mandala, células de gratitud o bolas solidarias. Las células de la abundancia se ofrecen como sistema de financiación rápido que promete beneficios del 800%. Normalmente se pide a los inversores una cantidad de 10.000 euros y el beneficio prometido son 80.000 euros. Evidentemente para lograr que alguien gane esa cantidad se necesitan 8 personas que inviertan 10.000 euros.

https://www.youtube.com/watch?v=pXY_pXWY4kQ

6.2.2. Pirámides cerradas

Este modelo se basa en la existencia de **una persona** que es el promotor del sistema y dueño de la pirámide. Toda gestión se hace con dicha persona, que es quien recibe las inversiones y devuelve los intereses prometidos. Este supuesto empresario no invierte el dinero en nada, en este tipo de supuestas inversiones no se genera valor, sino que el pago de los intereses de los inversores actuales se hace con el dinero de los nuevos. Un ejemplo de pirámide cerrada es el **Esquema Ponzi**.

6.3. Ejemplos

En este punto quiero hacer una pequeña pausa y pedir que se tenga un poquito la mente abierta y cada uno haga un ejercicio de auto análisis y honestidad y admita, en el caso que así sea, que está siendo estafado/a, porque "Es más fácil engañar a la gente, que convencerlos de que han sido engañados" (Mark Twain).

Estos son solo algunos ejemplos en los que se puede observar la gran cantidad de dinero que se puede acumular y la gran cantidad de personas inversoras que ya sean legas o eruditas en las inversiones no escapan de los estafadores.

Bernie Madoff

Controló el esquema Ponzi más grande de la historia llevado a cabo por una persona y muchos creen que funcionó durante décadas. Era corredor de bolsa y asesor de inversiones, fue el presidente de una de las firmas de inversiones más importantes de Wall Street, que lleva su nombre y que fundo en 1960. Las estimaciones sugieren que el fraude de Bernie Madoff alcanzó casi los **65 mil millones de dólares** de aproximadamente **4.800 inversores**.

Ofrecía un rendimiento de las inversiones de entre un 10% a un 15% anual, estando por encima de la media, aunque sin llamar excesivamente la atención. Aseguraba ganancias mensuales en cualquier circunstancia.

El 11 de diciembre de 2.008 fue detenido por el FBI acusado de estafa. En junio de 2.009, ingresó en prisión con una pena de 150 años de cárcel.

Afinsa y Fórum Filatélico

Afinsa, grupo empresarial principalmente especializado en la inversión en sellos.

Fórum Filatélico, sociedad de bienes tangibles dedicada al negocio de los sellos que se basaba en la revalorización de estos, cuando para que esto fuera cierto debería de existir una cantidad escasa y los sellos se fabricaban con normalidad.

Ambas fueron acusadas en 2.006 de estafa, blanqueo de capitales, insolvencia punible y administración desleal. Ofrecían un beneficio fijo de las inversiones más alto de la media e independiente del mercado. En este esquema Ponzi realizado en España se estafaron **3.700 millones de euros** a casi **500.000 inversores**.

Scott Rothstein

Uso su bufete de abogados a modo de dar credibilidad y confianza a los inversores a los que proponía invertir en acuerdos legales falsificados. Fue acusado en 2010 de una estafa piramidal con la que timó más de **1.200 millones de dólares**.

Christina Kitterman, socia del abogado continuó con la actividad ilegal siendo condenada por un jurado estadounidense que la encontró culpable de tres delitos de estafa.

Lou Pearlman

Productor y mánager estadounidense de grupos musicales como los Backstreet Boys o NSYNC. Creó una empresa fraudulenta llamada Trans Continental International estafando así a los inversores de sus proyectos musicales pagándoles con su propio dinero. El fraude ascendió a **1.000 millones de dólares** y engañó a **1.700 personas** que perdieron su inversión.

Geraldine Payne

Lideraba una red de iglesias evangélicas en estados unidos, pertenecientes al ministerio cristiano Greater Ministries International y que utilizó para crear un esquema Ponzi prometiendo a sus feligreses, invocando la palabra de Dios, un beneficio del doble de lo invertido, en menos de un año y medio. Una investigación del IRS (Servicio Interno de Impuestos de los Estados Unidos encargada de la recaudación fiscal y del cumplimiento de las leyes tributarias) en 2001 descubrió que Geraldine Payne estafó a **18.000 inversores** casi **500 millones de dólares.**

Towers Financial Corporation

Compañía destinada al cobro de deudas en 1970, cuando fue declarada en bancarrota en 1993 se descubrió un esquema Ponzi que dejo pérdidas de **450 millones de dólares** a **200.000 inversores**.

Publi-Fast

Empresa de publicidad online que en 2015 captaba a personas en redes sociales a las que ofrecía ganar dinero rápido y fácil si compartían publicaciones sobre los servicios de la empresa en sus perfiles de la red social Facebook. Su método de publicidad resultó ser un esquema Ponzi estafando a **100.000 personas**, las que tenían que pagar una membresía de 150 dólares para comenzar en el negocio y suscribirse a una de las cuentas tipo Estándar, Premium o Gold además de inscribir a tres personas más.

6.4. Diferencias entre Network Marketing y Sistema Piramidal.

La principal diferencia por la que podemos empezar enumerando las distintas diferencias que hay entre los Sistemas Piramidales y el Network Marketing es que los primeros son ilegales, encontrándose inmersos en empresas opacas e incluso fraudulentas creadas con el único fin de delinquir. Estas empresas carecen del preceptivo registro, ubicadas en países de nula o escasa regulación legal. Las empresas que distribuyen sus productos a través de Network Marketing cuentan con unos controles y auditorías periódicas, verificando su actividad, mostrando una transparencia en el negocio que ejercen siendo este totalmente legal y regulado.

Por otro lado, en los Sistemas Piramidales no hay un intercambio de valor al carecer de producto o servicio, basándose simplemente en las inversiones de los miembros que componen el sistema y cuyo objetivo es el reclutar nuevos inversores. La actividad del Network Marketing consiste en la recomendación y venta de servicios o productos de alta calidad encontrándonos en escasas ocasiones una cuota pequeña de ingreso para poder comenzar el negocio. A cambio de esta cuota de inicio se obtiene una serie de productos y/o formación para iniciarte en la actividad pudiendo en su caso, ejercer el derecho de devolución, si no cumple con las expectativas del cliente o del nuevo distribuidor independiente.

Los Sistemas Piramidales son claramente un negocio fraudulento que consiste en obtener ingresos por reclutar a personas o exigen comprar grandes cantidades de productos que terminan siendo acumulados por el nuevo miembro del sistema, sin poder darle salida debido a la baja calidad del producto o la inutilidad de este. El Network Marketing ofrece una oportunidad de negocio en el que los ingresos se obtienen por la venta de productos tanto del propio distribuidor independiente como la de su equipo. La persona que se encuentra vinculada a una empresa de Network Marketing, le compra a esta los productos a un precio y los vende a otro un poco más elevado, obteniendo de la diferencia su beneficio sin necesidad de acumular pedidos, ya que se solicitan directamente a fábrica y el cliente lo recibe directamente en su domicilio.

Es de reseñar también y bastante significativo que los Sistemas Piramidales prometen una riqueza elevada y rápida, mientras que el Network Marketing consiste en crear tu red de contactos de los que terminarás, obteniendo unos ingresos residuales.

DIFERENCIA ENTRE ESQUEMA PONZI Y MULTINIVEL

https://www.youtube.com/watch?v=-3iAffptxkc

6.5. Conclusiones

- ☐ Carlo Ponzi fue un estafador italiano que ejecutó un elaborado fraude en la década de los años 20 prometiendo rendimientos altos en las inversiones de cupones postales. Dio su apellido a un tipo de estafa piramidal.

- Un Sistema Piramidal es una estafa en la que los nuevos inversores sufragan los rendimientos de la inversión de los miembros que ya pertenecen al sistema.

- Los inversores ignoran el origen del rendimiento de las inversiones, desconociendo que son los 90 nuevos inversores, los que sufragan con sus nuevos fondos estos beneficios.

- Los rendimientos de la inversión son habituales y estables, sin tener en cuenta las circunstancias del mercado de valores.

- El esquema Ponzi suele estar compuesto de personas sin licencia o registro correspondiente.

- Se predica el uso de técnicas complejas o incluso secretas.

- Las primeras víctimas de este tipo de estafas se pueden encontrar a finales del siglo XIX y principios del siglo XX. No obstante, en nuestra época actual siguen latentes las tentativas de creación y la existencia de nuevos Sistemas Piramidales que se encuentran activos sin ser descubiertos y estafando a personas de a pie e inversores que piensan que han encontrado una magnífica oportunidad y que terminan engrosando la lista de timados.

En la vida puedes tener todo
lo que desees si ayudas lo suficiente a
otras personas a conseguir lo que quieren

Tu actitud no tu aptitud
determina tu altitud

ZIG ZIGLAR

7. REGULACION LEGAL

El inicio del desarrollo normativo del negocio multinivel en España data del año 1996, bastante tarde si lo comparamos con otros países europeos o americanos y surge de la necesidad de poner freno a la presencia de esquemas piramidales y por el fracaso de la Ley 12/1992, de 27 de mayo, sobre Contrato de Agencia de solucionar el problema de la distribución y comercialización de productos.

La regulación normativa actual abarca varios ámbitos:

A) La **Venta Directa** es la distribución de productos y/o servicios sin intermediarios y sin contar con un establecimiento comercial. Para llegar al consumidor final la empresa cuenta con una red de distribuidores independientes, que emplean presentaciones y catálogos donde muestran directamente a los consumidores los productos y/o servicios.

☐ En España las empresas que operan en el ámbito de la Venta Directa deben cumplir con las regulaciones establecidas en la siguiente ley:

　○ **Ley 3/2014, del 27 de marzo, por la que se modifica el texto refundido de la Ley General para la Defensa de los Consumidores y Usuarios y otras leyes complementarias, aprobado por el Real Decreto Legislativo 1/2007, del 16 de noviembre, que adapta la normativa de consumo a la Directiva 2011/83/UE y que entró en vigor el 29 de marzo de 2014.**

B) La **Venta Multinivel**, es un sistema de venta directa regulado en España por ley. Consiste en la venta de productos y/o servicios por parte de un fabricante a través de una red de agentes independientes, aunque coordinados en una misma red comercial. Los beneficios se obtienen de la diferencia de precio entre la compra del distribuidor y la venta al cliente. Asimismo, cada distribuidor puede ganar un pequeño porcentaje de las compras de los clientes de todo su equipo de ventas.

- La industria del Network Marketing en España está regulada en la normativa jurídica siguiente:

  - **Ley 7/1996, de 15 de enero, de Ordenación del Comercio Minorista**

    - El **artículo 22** y el **artículo 23** hablan de la diferencia entre lo que se entiende por venta multinivel y por venta piramidal.

  - **Ley 3/1991, de 10 de enero, de Competencia Desleal.**

    - El **artículo 24**, describe en qué consisten las prácticas de venta piramidal.

C) También existen **Asociaciones** a nivel mundial, europeo y estatal que velan por el cumplimiento de las prácticas en la industria del negocio multinivel.

- **MLMIA** (Multi-level Marketing International Association) Asociación Profesional de Marketing en Red en Todo el Mundo. Fuerza importante en la definición de la ética, la legalidad y las oportunidades en el Network Marketing. Ha desarrollado, facilitado y fomentado relaciones sólidas entre la industria y las influencias externas que afectan a sus operaciones. Su web es https:// www.mlmia.com/

- **WFDSA** (World Federation of Direct Selling Associations) Organización voluntaria, no gubernamental que representa la industria mundial de Network Marketing en más de 170 países. Su web es https://wfdsa.org/

  - Algunas organizaciones pertenecientes a la WFDSA son las siguientes:

    - CAVEDI, Cámara Argentina de la Venta Directa.

    - DSA, Direct Selling Australia, La Asociación de Venta Directa de Australia.

    - Seldia, La Asociación de Venta Directa de la Unión Europea.

    - Abevd, Asociación Brasilera de Empresas de ventas directas.

    - DSA Canadá, Asociación de vendedores directos de Canadá.

    - Cámara de la Venta Directa. Cámara de venta directa de Chile.

    - ACOVEI. Asociación Colombiana de la venta directa.

- AEVD, Asociación de la venta directa de Ecuador.

- DSA de Hong Kong. Asociación de la venta directa de Hong Kong, China.

- Asociación de Venta Directa de India.

- AMVD, Asociación Mexicana de Ventas Directas.

- CAPEVEDI, Cámara de la venta directa del Perú.

- AEVD, Asociación de Empresas de Venta Directa de España.

- DSA Estados Unidos, Asociación de Venta Directa de los Estados Unidos.

☐ **SELDIA** (European Direct Selling Association) Principal asociación en cuanto a representación de la industria de la venta directa en Europa. Su principal objetivo es la representación de cualquier forma de venta directa y asegurar que las políticas de la Unión Europea favorezcan este sector y contribuyan, a través de sus beneficios y ventajas, a la economía de las naciones europeas. Su web es https://www.seldia.eu/

   ° Seldia ha adoptado un Código Europeo de la Venta Directa para garantizar que las relaciones entre empresas, distribuidores y consumidores se basen en la confianza y la equidad. Las disposiciones del Código pueden ir más allá de la legislación vigente. Las empresas asociadas están obligadas a adoptar y a aplicar este Código de Conducta como condición par a la admisión y permanencia en Seldia.

☐ **AVD** (Asociación de Venta Directa) Asociación que colabora con la Administración española y con universidades españolas. Su web es https:// www.AVD.es

- ° Entidad sin ánimo de lucro que agrupa a las principales empresas que operan en el mercado español y comercializan una amplia gama de bienes y servicios a través del sistema de venta directa.

- ° Se constituyó en los años 70 para representar los intereses del sector en general y de las empresas asociadas. Entre sus fines se cuentan acreditar y prestigiar la Venta Directa, e impulsar las acciones necesarias para dotar al canal de los más altos principios comerciales existentes en el Mercado.

☐ **DSA** (Direct Selling Association) Asociación que regula las Ventas Directas en Estados Unidos. Su web es https://www.dsa.org/

- ° Se crea en 1920 cuando ya se contaban más de 100.000 distribuidores. Estaba compuesta por agentes de crédito y venta directa, agrupando más de 150 compañías. Regulaba una serie de normas de pagos, contratación y calidad de productos. Es el origen de la recopilación de normas en las que debía sustentarse la actividad legal de la venta directa.

☐ **FTC** (Federal Trade Commission) Organismo de los Estados Unidos que investiga las presuntas estafas y las lleva a juicio. Su web es https:// www.ftc.gov/

- ◦ En 1979 establece la legitimidad del Network Marketing en sentencia FTC93-618. Establece unas consideraciones generales:

  - ▪ Productos tangibles que a la gente le interese comprar.

  - ▪ Pagar impuestos.

  - ▪ Plan de compensación que evite las ganancias piramidales, es decir, se tiene que permitir que personas patrocinadas por un distribuidor independiente pueda ganar más dinero que este. El sistema de trabajo debe ser meritocrático, es decir, el beneficio debe estar basado en el esfuerzo individual.

D) En el **ámbito penal** podemos encontrar castigado el delito de estafa piramidal.

☐ **Ley Orgánica 10/1995, de 23 de noviembre, del Código Penal.**

○ *"El artículo 250.*

▪ *1.* El delito de estafa será castigado con las penas de prisión de uno a seis años y multa de seis a doce meses, cuando:

☐ 1) Recaiga sobre cosas de primera necesidad, viviendas u otros bienes de reconocida utilidad social.

☐ 2) Se perpetre abusando de firma de otro, o sustrayendo, ocultando o inutilizando, en todo o en parte, algún proceso, expediente, protocolo o documento público u oficial de cualquier clase.

☐ 3) Recaiga sobre bienes que integren el patrimonio artístico, histórico, cultural o científico.

☐ 4) Revista especial gravedad, atendiendo a la entidad del perjuicio y a la situación económica en que deje a la víctima o a su familia.

☐ *5) El valor de la defraudación supere los 50.000 euros, o afecte a un elevado número de personas.*

☐ 6) Se cometa con abuso de las relaciones personales existentes entre víctima y defraudador, o aproveche éste su credibilidad empresarial o profesional.

□ 7) Se cometa estafa procesal. Incurren en la misma los que, en un procedimiento judicial de cualquier clase, manipularen las pruebas en que pretendieran fundar sus alegaciones o emplearen otro fraude procesal análogo, provocando error en el juez o tribunal y llevándole a dictar una resolución que perjudique los intereses económicos de la otra parte o de un tercero.

□ 8) Al delinquir el culpable hubiera sido condenado ejecutoriamente al menos por tres delitos comprendidos en este Capítulo. No se tendrán en cuenta antecedentes cancelados o que debieran serlo.

▪ *2.* Si concurrieran las circunstancias incluidas en los numerales 4), 5), 6) o 7) con la del numeral 1) del apartado anterior, se impondrán las penas de prisión de cuatro a ocho años y multa de doce a veinticuatro meses. La misma pena se impondrá cuando el valor de la defraudación supere los 250.000 euros."

El delito de estafa piramidal, aunque no se cita como tal, por analogía se puede encontrar recogido en el Código Penal en su artículo 250 punto 1 apartado 5 al hacer referencia a la cantidad de dinero o número de personas estafadas.

Se castiga con la pena de prisión de uno a seis años y multa de 6 a 12 meses cuando el valor de lo defraudado supere los 50.000 € o afecte a un elevado número de personas, características notables en las estafas piramidales.

Según nuestro Código Penal cometen estafa los que, con ánimo de lucro, utilizaren engaño bastante para producir error en otro, induciéndolo a realizar un acto de disposición en perjuicio propio o ajeno.

<u>Requisitos del delito de estafa piramidal.</u>

- Servirse el autor del delito de un engaño suficiente para generar un riesgo que castigado por nuestro ordenamiento jurídico.
- Ese engaño debe ser el desencadenante del error de la víctima.
- Debe producirse un acto de disposición patrimonial de la víctima hacia el autor del delito.
- El engaño ha de cometerse por el autor con dolo y ánimo de lucrarse con su actuación.
- El perjuicio para la víctima.

Desde la perspectiva del desconocimiento los negocios de Network Marketing se han visto relacionados con esquemas piramidales, pero en España queda claramente diferenciada una actividad ilegal de tipo piramidal y otra lícita como es la venta multinivel. Como he citado anteriormente el Network Marketing en España está regulado por la **Ley 7/1996 de 15 de enero, de Ordenación del Comercio Minorista**, que tiene por objeto principal establecer el régimen jurídico general del comercio minorista, así como regular determinadas ventas especiales y actividades de promoción comercial, concretamente en su **artículo 22** de venta multinivel y en el **artículo 23** de prohibición de la venta piramidal.

También en la **Ley 3/1991, de 10 de enero, de Competencia Desleal.** Esta ley tiene por objeto la protección de la competencia en interés de todos los que participan en el mercado, y a tal fin establece la prohibición de los actos de competencia desleal. En su **artículo 24** concreta lo que es un plan de venta piramidal. A continuación, muestro los correspondientes extractos de los artículos citados:

Ley 7/1996 de 15 de enero, de Ordenación del Comercio Minorista.
"Artículo 22) Venta multinivel.
1. La venta multinivel constituye una forma especial de comercio en la que un fabricante o un comerciante mayorista vende sus bienes o servicios a través de una red de comerciantes y/o agentes distribuidores independientes, pero coordinados dentro de una misma red comercial y cuyos beneficios económicos se obtienen

mediante un único margen sobre el precio de venta al público, que se distribuye mediante la percepción de porcentajes variables sobre el total de la facturación generada por el conjunto de los vendedores integrados en la red comercial, y proporcionalmente al volumen de negocio que cada componente haya creado. A efectos de lo dispuesto en este artículo, los comerciantes y los agentes distribuidores independientes se considerarán en todo caso empresarios a los efectos previstos en el texto refundido de la Ley General para la Defensa de los Consumidores y Usuarios y otras leyes complementarias.

2 . Queda prohibido organizar la comercialización de bienes y servicios cuando:

a) Constituya un acto desleal con los consumidores conforme a lo previsto en el artículo 26 de la Ley 3/1991, de 10 de enero, de Competencia Desleal.

b) No se garantice adecuadamente que los distribuidores cuenten con la oportuna contratación laboral o cumplan con los requisitos que vienen exigidos legalmente para el desarrollo de una actividad comercial.

c) Exista la obligación de realizar una compra mínima de los productos distribuidos por parte de los nuevos vendedores, sin pacto de recompra en las mismas condiciones.

4. En ningún caso el fabricante o mayorista titular de la red podrá condicionar el acceso a la misma al abono de una cuota o canon de entrada que no sea equivalente a los productos y material promocional, informativo o formativo entregados a un precio similar al de otros homólogos existentes en el mercado y que no podrán superar la cantidad que se determine reglamentariamente.

En los supuestos en que exista un pacto de recompra, los productos se tendrán que admitir a devolución siempre que su estado no impida claramente su posterior comercialización.

Artículo 23) Prohibición de ventas en pirámide.

Son prácticas de venta piramidal las previstas en el artículo 24 de la Ley 3/1991, de 10 de enero, de Competencia Desleal, siendo nulas de pleno derecho las condiciones contractuales contrarias a lo dispuesto en dicho precepto."

Ley 3/1991, de 10 de enero, de Competencia Desleal.
"Artículo 24) Prácticas de venta piramidal.

Se considera desleal por engañoso, en cualquier circunstancia, crear, dirigir o promocionar un plan de venta piramidal en el que el consumidor o usuario realice una contraprestación a cambio de la oportunidad de recibir una compensación derivada fundamentalmente de la entrada de otros consumidores o usuarios en el plan, y no de la venta o suministro de bienes o servicios."

Como se puede observar, falta el punto 3 del articulo 22 de la Ley 7/1996 de 15 de enero, de Ordenación del Comercio Minorista que ha sido omitido no por descuido o por irrelevancia si no porque fue derogado.

La Comisión Federal de Comercio (FTC) ha señalado que una empresa multinivel será considerada legal si al menos un alto porcentaje de sus productos terminan en manos de un consumidor final y no de un distribuidor.

Además, concentra su análisis en cómo opera la estructura de negocios en la práctica y considera factores como las presentaciones hechas a los distribuidores, las experiencias de los participantes en la red de distribución, los planes de compensación y los incentivos creados por la estructura de compensación.

Las empresas de Network Marketing ofrecen formación, una oportunidad de negocio independiente, y a sus distribuidores el respaldo de una marca acreditada y unos productos de calidad.

Por el contrario, en los negocios piramidales disfrazados de Network Marketing, el número de distribuidores supera al de clientes y la calidad del producto es irrelevante, muchos esquemas multinivel simplemente usan el producto para esconder su estructura piramidal.

7.1. Donde Consultar la Legitimidad de una Empresa

Hay distintas fuentes que puedes consultar y en las que puedes conseguir indicios de si una empresa de la industria de Network Marketing es legítima.

☐ **Navegar por internet:** investiga sobre la empresa haciendo búsquedas sobre su página web, el tiempo o antigüedad en el mercado y opiniones, tanto positivas como negativas.

☐ **Asociaciones de venta directa o multinivel:** consulta, si la empresa se encuentra asociada a algún organismo y si cumple los requisitos legales.

☐ **Testimonios de clientes y personal de la empresa:** solicita opiniones de personas que hayan estado en un estrecho contacto con la empresa. Investiga en foros, grupos de redes sociales, blog o sitios web de Network Marketing. Debes asumir que toda la información que consigas no tiene por qué ser imparcial.

☐ **Habla directamente con la empresa:** preséntate directamente en la sede de la empresa entrevístate con algún responsable que te aclare el modelo de negocio, plan de compensación y te hable sobre los productos o servicios que ofrecen.

☐ **Acude a una asesoría especializada:** contrata los servicios de un asesor o abogado especial izado en derecho empresarial o de un profesional que te oriente de forma específica y así puedas valorar si la actividad de la empresa es legítima. A título informativo Kevin Thompson es uno de los abogados por excelencia del Network Marketing.

Es importante que te asesores antes de comenzar la actividad en una empresa de Network Marketing. Fíjate en los puntos que te indican que te encuentras ante un esquema piramidal como el plan de compensación difuso y condiciones excesivamente buenas.

7.2. La Fiscalidad y los Negocios Multinivel

Una vez que empiezas la actividad en la industria del Network Marketing y comienzas a recibir tus primeros beneficios, la primera duda que te surge es si tienes que declarar esos ingresos y la segunda si necesitas darte de alta como empleado o autónomo.

Según el art. 22 de la Ley 7/1996 de 15 de enero, de Ordenación del Comercio Minorista. "… los agentes distribuidores independientes se considerarán en todo caso empresarios…". Es decir, al realizar un negocio por cuenta propia deberás darte de alta como autónomo y por tanto declarar los ingresos como cualquier otro autónomo o como con cualquier otra actividad comercial.

La relación comercial y jurídica que se establece con la empresa, es la que se define en el contrato, que normalmente suele ser distribuidor independiente. Además, hay que tener en cuenta dónde está ubicada la empresa, ya que las obligaciones tributarias también dependerán del territorio donde se encuentre, es decir, en

España las facturas tendrán IVA (Impuesto sobre el Valor Añadido), en cambio en Canarias tendrán IGIC (Impuesto General Indirecto Canario).

La empresa multinivel con la que te asocias declara sus ventas y las comisiones que te paga en consecuencia, tú como distribuidor independiente, tendrás la obligación de declarar dichos ingresos.

Pero no hay que ponerse nervioso ni tener prisa, solo hay que saber a partir de cuándo hay que declarar los ingresos de un negocio multinivel y cuando hay que registrarse como autónomo. Esta obligación surge cuando se cumplen tres características fundamentales como que la actividad se realiza de forma directa, frecuente y personal. Según distintas sentencias de los juzgados españoles, no existe obligación de declarar los ingresos hasta que no se iguale la cantidad del Salario Mínimo Interprofesional (SMI) que para 2023 ha quedado en 1.080 euros brutos mensuales en 14 pagas, es decir, 15.120 euros brutos anuales.

También habría que tener en cuenta si a la hora de comenzar la actividad en una empresa multinivel estás cobrando el paro, una discapacidad o eres pensionista. En el caso de estar cobrando cualquier ayuda, pensión o prestación de la Administración Pública habría que estudiar el caso concreto para lo que recomiendo la consulta a un profesional experto en multinivel quien te explicará cuando existen incompatibilidades y cuando se considera un trabajo a declarar la actividad que estás realizando.

7.3. A la Espera de Desarrollo Normativo.

Desde su origen, las empresas multinivel siempre han estado cuestionadas, sufriendo desprestigio consecuencia de dos factores importantes, como son:

- ☐ El desconocimiento del funcionamiento y la estructura de los negocios multinivel ya que normalmente son confundidas con los esquemas piramidales.

- ☐ La falta de regulación y desarrollo normativo existente en España que supone un vacío legal del que personas sin escrúpulos podrían aprovecharse y enmascarar un sistema piramidal. Este tipo de negocios multinivel, únicamente aparece citado en el artículo 22 de la Ley 7/1996 de 15 de enero, de Ordenación del Comercio Minorista.

La normativa jurídica española se limita a citar lo que es venta multinivel y las prohibiciones de los sistemas piramidales, por tanto, y debido al auge del Network marketing, sería necesario la elaboración de una ley que desarrolle este tipo de industria en la que se definan las garantías, obligaciones y prohibiciones diferenciándolos, así de los negocios, fraudulentos o manifiestamente ilegales.

La mente es un poderoso instrumento. Si cambias tus pensamientos puedes cambiar tu vida

MARIO ALONSO PUIG

POR QUE HACER NETWORK MARKETING?

Quizá el Network es esa forma de podernos liberar del antiguo sistema laboral que hasta ahora nos ha mantenido atrapados. Podemos llegar a ser dueños al 100% de nuestro tiempo y de nuestra vida.

¡Quitemos la mala imagen que aún tiene este sistema de distribución de productos! Porque esta podría ser la solución para todas aquellas personas que no disfrutan con su trabajo. Te vas a dar cuenta de que el desarrollar tu propio negocio multinivel te va a permitir dedicarte a las cosas que realmente te gustan y de esta forma podrás trabajar en lo que desees, no ya por obligación sino por puro placer. Una vez que has decidido emprender el negocio de MLM es muy recomendable que estes perfectamente informado o informada de las normas y de la legalidad del negocio con el que trabajas.

A modo de resumen las razones para hacer un negocio de Network Marketing serian:

- ☐ Ingresos Extra
- ☐ Pequeña Inversión
- ☐ Libertad Financiera
- ☐ Negocio Propio
- ☐ Tiempo Libre/Libertad de elección de las horas de trabajo.
- ☐ Sin lugar de trabajo fijo.
- ☐ Calidad superior de productos.
- ☐ Desarrollo Personal
- ☐ Ayudar a Otros
- ☐ Oportunidad de viajar.
- ☐ Conocer a Nueva Gente
- ☐ Plan de Retiro
- ☐ Dejar una Herencia

La vida te recompensara con lo que tu busques no con lo que desees

JIM ROHN

DIARIO DE UN NETWORKER

El networker crece y sufre cambios, viaja de una manera de ser a otra: de la desesperación a la esperanza, de la debilidad a la fortaleza, de la locura a la sabiduría, del odio al amor... Son estos periplos emocionales los que me atrapan y consiguen que una historia merezca ser contada.

Un día cualquiera de una persona cualquiera en un lugar cualquiera...

RIIING RIIING, abro los ojos una mañana más y ese horrible sonido me informa que de nuevo hay que levantarse para ir a trabajar por los sueños de otro, ir a hacer ganar dinero a otro y a conseguirle más tiempo para pasar con su familia. Pero es lo que hay, tengo un trabajito estable y cómodo. No me puedo quejar. No me han educado de otra forma y ya en el colegio me aleccionaban y me indicaban el criterio a seguir para "triunfar en la vida". ¡¡Algún día llegaré a poder ahorrar y comprar mi propia casa y mi propio coche!!, solo me hace falta tiempo!!

¡¡Pero estoy harto de esperar y esperar!! Siempre hay letras que pagar e imprevistos que solucionar y nunca puedo ahorrar. Cuánto me gustaría tener dinero, tiempo y salud para disfrutar con mi familia. Cuánto me gustaría tener mi propio negocio. Quiero viajar y comprar cosas sin mirar el precio. Necesito dejar este trabajo, necesito hacer algo para que mi situación cambie.

¡¡¡Pero ahí están!!! ¿Que son esos productos? Que interesante todos los beneficios que proporcionan, que oportunidad de hacer crecer mi patrimonio y poder ayudar a mucha gente. ¿Qué hago? ¿Y si es el tren que tanto he estado esperando? Es un desafío para llevar a cabo un cambio profundo en mi vida rutinaria. Me da miedo salir de mi zona de confort, me da miedo que es lo pueda pasar y ¿si pierdo el dinero? ¿Perderé también mi trabajo? Mi familia me aconseja que no haga locuras, que no me arriesgue, me dicen que estoy loco, que no innove. Creo que será mejor quedarme como estoy, más vale pájaro en mano que ciento volando.

Y al acostarme veo en la mesita de noche ese libro que me prestó y del que me habló como la biblia del nuevo comercio, ¿por qué no empezar a leerlo? Total, por leer no me va a pasar nada.

4 días ya y me quedé con ganas de saber más, ahora también me leeré ese otro libro que me recomendó. ¡¡¡Esto es genial!!!, nadie nos habla de esta forma de finanzas, en el colegio nadie te enseña sobre contabilidad ni distintas formas de distribución de productos o servicios.

"¡Antonio! que finalmente me decido a iniciarme en el negocio!!!"

Y tras concretar cita e informarme de todo me pongo manos a la obra.

Antonio será mi fuente de apoyo, experiencia y sabiduría. Ganaré seguridad y convicción, me capacitaré y entrenaré para conseguir mi independencia en este desafío.

Por fin sin dejarlo por completo, aparté a un lado mi mundo ordinario, ahora entro en un mundo diferente, especial y mágico, lleno de nuevas personas y miles de contactos de todo el mundo, me adentro en lo desconocido y dejo atrás la zona de confort, esa rutina en la oficina.

De ahora en adelante me comprometo con el mundo de la aventura, dejo mis límites y me arriesgo hacia lo desconocido y peligroso, donde las reglas y el plan de compensación aún no los tengo bien definidos.

Me pone nervioso hacer esto, aunque yo lo elegí. Aun así, me alegra estar aquí. Ansío trabajar en esto, crecer. De momento es mejor de lo que imaginé. Es tan hermoso ayudar, relacionarte con las personas, aportar tu granito de arena para que la gente mejore su bienestar, no sé por qué no le interesa a todos los demás.

Lleno de esperanza e ilusión recorro mi camino, comienzo contactando con mis familiares y amigos más cercanos. Muchos me escuchan y siguen mi consejo quedándose con algunos productos. Otros me escuchan, pero no desean probar y otros ni acuden a la cita.

Desde el principio me dijeron que no podría hacerlo, que no debería hacerlo, que no valía la pena, la gente me miraba como a un bicho raro cuándo se lo contaba, después de todo quien querría luchar a contracorriente de todos los demás, llevarse desplantes incluso de tus mejores amigos y quedarse a la espera mirando el reloj una y otra vez asomándose a la puerta buscando por donde llegará y al final ni siquiera se dignan a mandar un aviso de no puedo ir.

Pero qué suerte la mía, asistió una persona de las diecisiete que invité. Me doy por satisfecho porque aún queda esperanza de poder compartir mi bienestar.

Y al final del día recapacito sobre mi primer semestre como networker y entiendo que esto no es fácil, que no es verdad eso de "en cuanto hagas equipo ya no tendrás que trabajar", "te vas a hacer rico super rápido". Estoy aprendiendo las reglas del juego, estoy descubriendo lo especial de esta aventura. Cada artículo que leía decía que debía ampliar mi formación para tener más fuerza, distintas destrezas, diferentes habilidades y al hacerlo empecé a sentirme insignificante, inseguro.

Me acuerdo de ti y siempre me dijiste que siguiera adelante y así lo hago, semana a semana, mes a mes, en cada evento, esforzándome por llegar más lejos. Siempre dijiste que si venia hasta aquí descubriría quien soy, y eso es lo que quiero o al menos era lo que quería cuando comencé. Pero ahora no estoy seguro de por qué estoy aquí. Siempre dijiste que habría una manera, aunque no sé si me gusta a dónde me está llevando todo esto. Ahora puedo ver porque pensaban que estaba loco, quizás tengan razón, tal vez todo esto fue una mala idea.

Pero sigo y amplio mi campo de búsqueda de clientes y lideres y avanzo en el camino cosechando mis primeros éxitos. Me dedico a formarme, ahora soy autodidacta, no me pierdo un evento y siempre consulto a mis lideres de referencia. Me estoy preparando para lo que pueda venir, sean éxitos o fracasos, sé que tendré altibajos, pero también sé a quién puedo acudir.

Ahora si estoy convencido. Estoy pasando por una crisis que nunca me plantee que pudiera llegar. No es posible que nadie este interesado en este fantástico producto, nadie lo quiere probar aun encontrándose tan necesitado. Siguen valorando más unas monedas que la propia salud. Ni clientes ni distribuidores. Pero si me estás diciendo que ¡¡¡"ojalá puedas cambiar de trabajo"!!!, pero si me estás diciendo que ¡¡¡"no tienes dinero para nada"!!! ¡¡¡Perdona!!! Que te estoy ofreciendo una oportunidad de trabajo, una oportunidad de poder cambiar tu vida. ¿Qué le pasa a la gente?

El próximo mes es el evento de la empresa. ¿Qué hago, voy? Ufff me parece muy caro. ¿Y con quien dejo a mi bebe?, y ¿dónde me voy a quedar a dormir?, y ¿cómo me desplazo hasta allí? Son demasiados gastos.

¿Gastos? ¡¡¡Son inversión!!! Recuerdo la maravillosa formación anterior donde aprendí tanto, donde me enseñaron sobre el Network Marketing, donde conocí profundamente los beneficios de los productos, donde conocí a gente con mis mismas inquietudes, donde viví una nueva experiencia y donde además pasé unos momentos inolvidables. Salí de allí concienciado en seguir aprendiendo habilidades, ponerlas en práctica y trabajar duramente para conseguir eso por lo que inicié esta maravillosa aventura.

Han pasado ya tres años y tengo mi pequeño equipo. Sabemos hacer reuniones para explicar el producto y presentar el negocio, hemos viajado mucho por todo el país apoyando a los equipos vecinos en su afán de agrandar el grupo de soñadores que quieren repartir salud y bienestar por todos los sitios que les dejen. Y nuestro mentor ya puede dejarnos caminar solos sin cogernos de la mano, se puede decir que somos distribuidores casi independientes.

Mi tarea ahora es formar a mis distribuidores para mantener viva la motivación, la disciplina, la formación y el saber hacer las cosas y trabajar de una forma eficaz y eficiente. Hay que seguir reclutando soñadores que lleven a todos y cada uno de los hogares del país y todo el mundo nuestros productos.

Pero ahora se me derrumba el equipo, ese que tanto trabajo y esfuerzo me ha costado conseguir. No entendieron que había que trabajar, que nada es fácil y que todo, no es solo ganar dinero, también está la satisfacción de hacer el bien repartiendo bienestar y salud y escuchando como muchas personas se dirigen a ti mostrando una impagable gratitud. Pero yo no me voy a dar por vencido tan fácilmente.

Una vez dijiste que, si titubeaba de mi capacidad, que recordara que no se trata de hacer las cosas a la perfección si no de hacerlas con intención. Dijiste que tus elecciones y tus intenciones muestran lo que realmente eres, más que tus actitudes. Que aunque fracasara, siempre podría elegir no rendirme, que podría encontrar valentía, seguir adelante y levantarme, que esa era la gran prueba del proyecto.

No soy perfecto, pero no estoy aquí para eso, sino para seguir intentando, para seguir caminando, seguir avanzando, estoy aquí para seguir adelante.

No sé por qué me tomo la vida como si fuera una carrera de velocidad, no lo es. Mas bien es un maratón. Y cada día que acudo a ti y escucho tu voz, obtengo la fuerza que necesito para avanzar, obtengo la luz que necesito para seguir. La obtengo, sin esperar nada a cambio al ayudar a otros en el camino, a quienes están afligidos.

Lo siento, esta nueva etapa consigue distraerme, hay tanto por ver, por sentir y sinceramente. Los primeros meses casi pierdo de vista lo que realmente importa, solo quería un camino plano y sencillo, pero no se trataba de eso, se trataba de crecer, de la aventura, de ayudar a los demás.

Podría pasar toda la vida esperando ese momento en que todo encaje a la perfección, esperando que todo esté en su sitio, pero ahora sé que no es necesario, ahora sé que solo tengo que tener valor y solo me hace falta poner un pie delante del otro.

La inversión mas importante que puedes hacer es en ti mismo

ROBERT KIYOSAKI

CONCLUSION

¡Y así concluimos nuestro viaje por el emocionante mundo del Network Marketing y las travesuras de las Estafas Piramidales! Espero que hayas disfrutado tanto como yo desentrañando estos misterios.

En resumen, hemos aprendido que el Network Marketing es como una fiesta divertida, llena de productos geniales y personas entusiastas que quieren compartirlos contigo. Se basa en la venta real de productos y/o servicios y en la construcción de equipos de manera justa y transparente siendo profesionales y honestos. Hay que hacer lo que nos gustaría que nos hicieran a nosotros, ofrecer lo que ofreceríamos a nuestra familia. Vamos a cambiar la vida de las personas empezando por mejorar su salud y su bienestar y terminando porque consigan su libertad financiera y el sueño por el que luchan.

Por otro lado, las Estafas Piramidales son como un juego de cartas trucadas en una feria, donde alguien siempre sale perdiendo. Lobos con piel de cordero que ofrecen abundancia y dependen exclusivamente de reclutar a más víctimas para mantenerse a flote.

La clave aquí, es mantener los ojos bien abiertos y la mente aguda. Si algo parece demasiado bueno para ser verdad, probablemente no lo sea. El Network Marketing legítimo puede ser una forma emocionante de ganar dinero y hacer nuevos amigos, pero solo si te unes a compañías éticas y te tomas el tiempo para entender cómo funciona. Es una oportunidad de negocio viable para muchas personas que desean emprender y alcanzar el éxito financiero, siempre y cuando se aborden con honestidad.

Sin embargo, las Estafas Piramidales son perjudiciales tanto para los participantes como para la sociedad en general, y a que inevitablemente conducen a la pérdida de dinero y la desconfianza general en esta industria.

La clave para distinguir entre estas dos realidades radica en la educación, la investigación y la prudencia. No caigamos en promesas vacías de riqueza rápida, y en su lugar, enfoquémonos en oportunidades de Network Marketing que ofrezcan productos o servicios valiosos, un plan de compensación justo y la posibilidad de crecimiento a largo plazo.

Salgamos de la famosa carrera de la rata de Robert KIYOSAKI y decidamos por nosotros mismos lo que queremos hacer. Si quieres que algo cambie, cambia algo.... Arriésgate porque quien no se arriesga nunca gana. Hay gente que escucha todas las mañanas el despertador y sin ganas tienen que levantarse para ir a luchar por los sueños de otro, para ir a hacer ganar dinero a otro, etc.... ¿Te suena esto? Está claro que si estas leyendo esto tienes la intención de hacer algo distinto, tenemos esa inquietud de probar algo nuevo y que de una vez nos de esa libertad que buscamos y nos haga cumplir los sueños que tenemos. Ahora solo queda tomar acción porque tus sueños, se encuentra detrás de las acciones que nunca ejecutas.

Así que, ¡adelante! Sigue persiguiendo tus sueños de independencia financiera y éxito en el Network Marketing, pero recuerda siempre llevar contigo una pizca de sentido común y una buena dosis de diversión. ¡Buena suerte en tu viaje hacia el éxito y que las Estafas Piramidales nunca te atrapen en sus redes!

La calidad de tu vida esta directamente relacionada con la calidad de las preguntas que te haces a ti mismo

TONY ROBBINS

¡Oportunidad de Negocio de Futuro! ¡Transforma tu Vida!

Con estas páginas he pretendido dejar clara la diferencia entre Network Marketing y las Estafas Piramidales, también espero haber dejado claro el grandísimo potencial y futuro que tienen los negocios multinivel.

Hemos visto como puede ser una oportunidad para los emprendedores que deseen comenzar su propio negocio, al no necesitar invertir grandes cantidades de dinero, ni de hacerse de un gran stock de productos, tampoco es necesario disponer de un espacio físico donde ubicar la sede para ejercer la actividad.

Si por fin te has decidido a tomar acción, pero no sabes por dónde empezar, déjame que te ofrezca la oportunidad de tu vida. No necesitarás tener mucho dinero, experiencia o mucho tiempo, solo ganas de cumplir tus sueños y ser constante hasta alcanzar el éxito.

Como dice Eric WORREN, "EL MLM NO ES PERFECTO... PERO ES MEJOR".

Es hora de tomar una decisión que te cambiara la vida. Y lo que no llegamos a ver con claridad es que muchas veces las pequeñas oportunidades son a menudo el principio de grandes empresas. Lo que no podemos hacer es quedarnos sentados en el sofá esperando que llegue esa oportunidad que nos saque de la rutina diaria porque como dijo Albert EINSTEIN "Locura es hacer siempre lo mismo y esperar resultados diferentes".

En cualquier caso, quisiera darte las gracias y ponerme a tu disposición para lo que necesites. Puedes ponerte en contacto conmigo cuando lo desees a través de correo electrónico o las redes sociales,

¡¡Gracias Networker!!

¡Sígueme en Instagram!
Instagram: @frank_r_moreno_
frankevergreenlife@gmail.com

GLOSARIO

El Network Marketing es un fascinante mundo de oportunidades comerciales que se basan en la construcción de redes de distribuidores independientes. Este glosario tiene como objetivo brindarte una comprensión profunda de los conceptos clave que suelen utilizarse en esta industria dinámica y en constante evolución. Desde la A hasta la Z exploraremos los términos esenciales que te ayudaran a navegar por este emocionante universo del Network Marketing y a aprovechar al máximo sus beneficios y desafíos.

Acción masiva: Actividad de prospección conjunta y sostenida.

Acumulación: Característica de algunos planes que consiste en que, si usted no logra calificar para las comisiones en un mes determinado por no haber alcanzado su cuota, se le declara inactivo y no recibirá comisiones de su red durante ese mes. Todas las comisiones que usted hubiera recibido "se acumulan" es decir, se pagan al siguiente distribuidor activo por encima de usted en la jerarquía.

Acumulación de stock: Práctica de comprar y acumular más producto del que pueda vender, generalmente en un intento por cumplir cuotas mensuales excesivas, a fin de calificar para comisiones.

Afiliado: Es la persona que se une o unimos a nuestra red. Generalmente para hacerlo tendrá que firmar un documento en formato físico o digital aceptando las condiciones del negocio.

Afiliar: También se le conoce como firmar. Es el acto de unir a una persona a nuestra red, casi siempre a través de un documento en formato físico o digital que el nuevo afiliado deberá firmar aceptando las condiciones del negocio, de ahí su otro nombre.

Anchura: Número de personas en la línea frontal de un distribuidor o número de personas permitidas en la línea frontal de un distribuidor de acuerdo a las reglas del plan de compensación.

Asociado: Prospecto que decidió unirse a su red.

Asociar: El acto de lograr que ingrese a su red como distribuidor alguien a quien se ha contactado.

Auspiciado: Prospecto que decidió unirse a su red.

Auspiciante: Distribuidor de una compañía MLM que auspicia y entrena a otro distribuidor.

Auspiciar: Consiste en contactar e incorporar, por parte del distribuidor, a otras personas en su negocio para multiplicar sus esfuerzos. De esta manera, obtiene un ingreso adicional de las actividades de venta de su organización y por ello, recibe también ganancias mayores. Posteriormente con formación se debe entrenar y así duplicar.

Autorespuesta: Característica de los sitios web de enviar automáticamente información por correo electrónico a todo aquel que haga un clic en el icono de respuesta. Los profesionales de red lo usan para enviar información de contacto y de capacitación.

Beneficios: Término general que abarca cualquier compensación obtenida por distribución en Network Marketing incluye comisiones, bonificaciones, ingresos residuales, beneficios especiales y premios.

Billing Group: es la suma de las ventas de todos los miembros que pertenecen a un grupo particular de jefe de Grupo durante un ciclo (período de tiempo definido por la Compañía). Es el final del ciclo que las comisiones se calculan sobre la base del volumen de negocios del grupo respectivo. Los ciclos pueden ser mensuales, semanales, tres veces por semana, etc. Por ejemplo, si es mensual, entonces las comisiones se calculan y se pagan al final de cada mes.

Binario: Tipo de plan de compensación que forma su línea frontal con dos personas, y que semanalmente retribuye la línea de menor volumen de facturación.

Bonificación generacional: Característica de algunos planes de escalones/ruptura que le permite ganar dinero por personas de muchos niveles por debajo de su rango normal de pago. Por ejemplo, en planes de ruptura, se trata de un porcentaje del volumen generacional de una de sus líneas que se separaron.

Bonificación infinita: Característica que teóricamente crea profundidad infinita en un plan de pago.

BV (Volumen de Bonificación): Expresión alternativa para volumen de puntos (en inglés PV) o volumen de negocio (en inglés BV). Es un valor usado por las compañías MLM para calcular residuales y comisiones, en base al precio mayorista de los productos sobre los cuales se pagan bonificaciones. Generalmente, pero no siempre, el BV es más bajo que el precio mayorista de los productos en cuestión. Por ejemplo, si usted vende 100 dólares en productos al por mayor, por una comisión del 5 por ciento, el 5 por ciento se calculará no por los 100 dólares de precio del producto, sino por los 80 dólares del BV del producto. El propósito del volumen de bonificación es permitir a las compañías ganar dinero por productos menos beneficiosos, Si una compañía que ofrece un pago del 50 por ciento vende un contenedor de aditivos para combustible a 20 dólares, y su costo de fabricación es de 10 dólares, entonces la compañía no tiene ganancia. En lugar de aumentar el precio, muchas compañías simplemente asignan un BV más bajo a ese producto, y por lo tanto las comisiones que pagan sobre él son menores.

Calificación: Volumen de facturación que se exige para ciertos rangos, promociones, premios, etc. Las cuotas se suelen fijar en términos de volumen grupal y personal. Ocasionalmente, existen cuotas de auspicio, que exigen que usted auspicie cierta cantidad de personas en su línea frontal cada mes.

Calificadores: Una especie de limitante. Son condiciones de un plan de compensación que dificultan a los distribuidores cumplir sus cuotas mensuales. Un ejemplo sería una regla que afirme que el número de comisiones que usted puede obtener de sus niveles más profundos depende del número de ejecutivos calificados en su línea frontal.

Carga frontal: Práctica de obligar a los distribuidores a que acumulen más productos de los que pueden vender en realidad, imponiendo requerimientos excesivos de ingresos o cuotas mensuales.

Círculo de influencia: Las personas más cercanas a usted y que constituyen su mercado caliente. También, aquellos que pueden ser fácilmente influenciados por usted debido a su propia reputación en una profesión o comunidad particular.

Cliente: Los compradores finales del producto. Es decir, no están interesados en el Plan de Negocios o la compañía sino en adquirir el producto. Recomendación: Jamás llames cliente a un prospecto, lead, afiliado o downliner tanto como no debes llamar jefe a tus upliners.

Coachigs: Entrenamientos.

Cold Call, Calling: La traducción literal sería «Llamadas en frío». Se refiere a la práctica de conseguir leads o prospectos para hacer red sin que nadie los recomiende con nosotros. En esta categoría entrarían las prácticas como anuncios en periódicos y/o en redes sociales, ya que no conocemos a las personas en cuestión.

Comisión: Dinero que se percibe por el porcentaje del volumen de ventas de su organización.

Comprador mayorista: Persona que se asocia como distribuidor para obtener un descuento mayorista pero que no busca desarrollar el negocio.

Compra por transferencia: Práctica de cambiar de una marca de productos a otra. Generalmente los profesionales de red prefieren vender productos antes que dedicarse a la transferencia de compras, en otras palabras, reemplazar productos que el potencial diente ya tiene el hábito de usar. La teoría es que es más fácil hacer que un cliente cambie de marca en un producto familiar, que hacer que use un producto completamente nuevo.

Compresión: Cuando un distribuidor renuncia o es expulsado, su red sube un nivel, llenando así el espacio vacío que dejó y "comprimiendo" un nivel de la red de la compañía.

Conferencia satelital: Sesión televisada de capacitación, presentación del negocio, o discurso de prospección de una compañía de Network Marketing, emitida por medio de un circuito cerrado de red satelital. Los distribuidores pueden ver la emisión desde su hogar, invitar prospectos a que la vean y a veces pueden tomar parte de interacciones en vivo con los participantes de la conferencia por teléfono. Es t o ha s ido reemplazado por las webinars.

Constructor del negocio: Distribuidor que auspicia activamente, en oposición a quien simplemente compra productos al por mayor para uso personal.

Consumibles: Productos que se consumen regularmente y deben ser reemplazados periódicamente, lo que asegura negocios repetitivos para los profesionales de red que los venden.

Crossline: Personas que no forman parte de su equipo, pero tanto ellos como ustedes sí pertenecen a un mismo upline común.

Cultura de red: Es el conjunto de sistemas de trabajo y actitudes que conforman el llamado know-how de las empresas.

Desfasaje: Es la diferencia entre el porcentaje de ventas que una compañía promete pagar a sus distribuidores en forma de comisiones y lo que realmente les paga. El desfasaje no tiene nada de malo en sí mismo. Es tan sólo una maniobra publicitaria para hacer que los planes de compensación parezcan más atractivos, al igual que lo hacen los vendedores minoristas, al fijar el precio de sus artículos en 9.99 en vez de 10 euros, para que parezcan más baratos. Conviene mantener una mirada seria en los verdaderos dividendos de la empresa (descontado el desfasaje) e ignorar sus dividendos publicados (incluido el desfasaje). De esa manera, se podrá tomar una decisión responsable.

Detonación de correo electrónico: Enviar correos electrónicos no solicitados a prospectos, invitándolos a asociarse a una oportunidad MLM. Ver también spammíng.

Directo: Persona que usted vincula o patrocina directamente.

Distribuidor Independiente: son todas las personas que se inscriben y comienzan su actividad en una empresa de marketing multinivel. Esta designación varía de empresa a empresa y por lo que hay varias expresiones que básicamente se refieren a lo mismo. Los más utilizados son: Dealer, Consultor, Asesor, Vendedor, etc.

Downline: Persona patrocinada o afiliada que pertenece a tu red y que está posicionada por debajo de ti y todas las personas que este nuevo afiliado trajo al negocio también, línea descendiente.

Duplicar: Conjunto de pasos ya establecidos que un distribuidor muestra a sus auspiciados hasta conseguir que los integre y el haga lo mismo con sus nuevos distribuidores.

Duplicabilidad: El punto hasta el cual una oportunidad MLM puede ser fácilmente manejada por nuevos miembros.

Duplicación: El proceso de duplicar distribuidores en su red.

Ejecutivo calificado: Término alternativo para distribuidor que logró la ruptura.

Entrega directa: La práctica de enviar los productos directamente a los clientes desde los depósitos de la compañía, en vez de hacerlo por intermedio de un distribuidor independiente. Los clientes generalmente hacen pedidos por un teléfono gratuito o un sitio web.

Escalones: Término alternativo para nivel de logro, o para un plan de compensación de escalones/ ruptura.

Escalones/Ruptura: Tipo de plan de compensación que exige a los distribuidores que cumplan cuotas de volumen mensual, para calificar para una serie ascendiente de niveles de logro o "escalones". Cuando un distribuidor llega a cierto nivel se "separa" del grupo de su auspiciador.

Esquema piramidal: Negocio ilegal que genera dinero cobrando honorarios de membresía o asociación u obligando a los socios a realizar carga frontal y comprar productos que no necesitan. La regla práctica es que, si la última persona que se asocia no puede ganar dinero, eso es un esquema piramidal. Las personas que primero se asocian ganan dinero obteniendo un porcentaje de las cuotas de personas que se asocian después de ellos u obligando a sus socios a hacer carga frontal. Pero la última persona que ingresa no recibe ni cuotas ni comisiones, porque no hay más asociados. En una legítima compañía de MLM la última persona que se asocia siempre puede ganar dinero comprando productos por mayor y vendiéndolos a clientes para obtener ganancias minoristas. Una compañía legítima tiene clientes reales que compran y usan los productos. En un esquema piramidal, los productos son sólo artilugios para hacer carga frontal o una excusa para recaudar honorarios de ingreso y de capacitación.

Express: tiempo parcial.

Extremo delantero: Los niveles más altos o las etapas más tempranas de un plan de compensación.

Extremo posterior: Las últimas etapas, más maduras, de una red de Network Marketing. Un plan que paga más en el "extremo posterior" es uno que paga las comisiones más altas por los niveles más profundos o en las últimas etapas del plan.

Filtrar: Práctica de identificar rápidamente los prospectos más prometedores y enfocar sus esfuerzos de prospección en ellos, sin prestar atención al resto.

Fondo de beneficio: Fondo especial reservado de ganancias de una compañía de Network Marketing que se distribuye como incentivo especial a líderes de venta calificados.

Fractura: Volumen de ventas generado por usted o su red, por el que no se recibe compensación. Dicho de otra manera, la fractura es la diferencia entre lo que su compañía promete pagar y lo que realmente paga. Las compañías MLM compiten por ofrecer el pago más alto (definido como el porcentaje de las ventas totales de la compañía que se paga a los distribuidores en forma de comisiones). Pero una compañía que ofrece un pago del 75 por ciento puede, en realidad, pagar sólo un 50 por ciento. La diferencia del 25 por ciento es la fractura. Se incorpora al plan de compensación en forma de estipulaciones sutiles que disminuyen sus comisiones, elevan sus calificaciones, lo penalizan, o descalifican porciones de su volumen de ventas bajo ciertas circunstancias.

Frontal: También llamado primera línea. Lo forman todos sus directos.

Full time: tiempo completo.

Ganancia mayorista: La diferencia entre el precio mayorista que usted paga por el producto y el precio mayorista más alto al que se lo vende a sus distribuidores. Sin embargo, es un concepto antiguo, porque es muy raro que los distribuidores MLM continúen vendiendo productos al por mayor a los miembros de su red. En la actualidad, los profesionales de red reciben una comisión directa cuando las personas de su organización usan su número de PIN para pedir productos directamente a la empresa.

Ganancia minorista: Extensión entre el precio mayorista que usted paga por el producto y el precio minorista al que lo vende a sus clientes. En la actualidad, los distribuidores MLM rara vez tienen en su poder los productos que venden, ya que los clientes le compran directamente a la compañía. Pero las computadoras de la compañía otorgan la ganancia minorista a los distribuidores cuando los clientes usan su número de PIN para hacer pedidos.

Generación: Línea de su organización encabezada por un distribuidor que ha logrado la ruptura o en un plan que no sea de ruptura encabezada por un distribuidor que ha alcanzado alguna otra calificación ejecutiva en el plan de compensación.

Grupo de ruptura: La organización o red de un distribuidor separado.

Grupo personal: Todos los distribuidores dentro de su rango de pago a los cuales usted ha auspiciado personalmente pero que no se han separado.

Honorario de renovación: Tarifa anual de membresía pagada a una compañía de MLM, para mantener su estatus como distribuidor. Las tarifas deben ser pequeñas, porque está en contra de la ley que una compañía de MLM "venda" distribuciones para obtener ganancias.

Home meeting: Reunión en casa.

Impulso (momentum): Fase del crecimiento de una compañía de Network Marketing en la cual las ventas y el auspicio comienzan a crecer a tasa exponencial.

Ingreso lineal: Dinero a cambio de tiempo. La persona está atada a su jornada de trabajo. Debe desarrollar una tarea física a cambio de cada céntimo que gana. Pero apenas deja de trabajar (ya sea para dormir, para pasar el domingo en familia o para curarse de una incapacidad), sus ingresos se evaporan. Estos nunca superarán cierto punto, definido por el número de horas disponibles en su vida laboral.

Ingreso residual: El único tipo de ingreso que provee verdadera potenciación es el residual. El dinero se sigue recibiendo tiempo después de haber terminado la tarea. Es el dinero que ganan por derechos y rentas los autores de best sellers o canciones exitosas, el que ganan los grandes dueños de negocios por los dividendos de sus acciones… es ese ingreso que sigue generándose incluso si usted deja de trabajar.

Jefe de Grupo: es el nombre que se da a todos los distribuidores que reclutan y forman su propio equipo de distribuidores, es decir los de la empresa para comenzar a trabajar en varios niveles. Sólo por nombrar algunos: jefe de la organización, jefe de grupo de Junior, líder del grupo de alto nivel, líder, líder de diamantes, etc.

Lead: La traducción literal en marketing multinivel es «cliente potencial» Es lo mismo que un prospecto. Algunos lo diferencian del prospecto porque se infiere que un lead es una persona que se ha interesado por nuestro producto, compañía o plan de negocios, o porque fue referido por otra persona.

Licencia: También recibe diversas denominaciones, la más usual es membresía. Es el permiso o autorización de la compañía para poder comercializar sus productos y/o servicios y a su vez poder auspiciar a otras personas.

Líder: Persona que ostenta posición de mérito en la empresa o éxito importante en la misma.

Línea: Red dentro de su red, generalmente encabezada por uno de sus distribuidores frontales.

Línea Ascendente (Upline): son personas que están por encima de ti, dentro de la red a la que perteneces. En varios niveles, todos los distribuidores tienen una línea ascendente.

Línea Descendente (Downline): son personas que están por debajo de ti, dentro de la red a la que perteneces.

Línea frontal: Grupo de distribuidores que usted asocia y auspicia directamente y que se ubican en el primer nivel de su organización.

Lista/Mercado caliente: Prospectos pertenecientes a una lista de contactos personales formada por personas de su confianza y trato frecuente como amigos, familiares, compañeros de trabajo, vecinos, socios de negocio, etc.

Lista/Mercado frío: Prospectos fuera del círculo de amigos, familiares y relaciones comerciales. Personas a las cuales no conoce.

Lista/Mercado tibio: Prospectos que no están ni en su mercado caliente ni en su mercado frío. Puede aplicarse a personas con las que usted habló una o dos veces, o de quienes recibió referencias por medio de otras personas de su mercado caliente.

Llamada en tres direcciones: Técnica de auspicio que les permite a los distribuidores desarrollar una red al mismo tiempo que entrenan a sus nuevos asociados. Cuando un asociado nuevo quiere promocionar el negocio por teléfono a un prospecto unirá a su auspiciador a la llamada. El auspiciador promueve la oportunidad, mientras el asociado escucha y aprende. La promoción o prospección entre tres personas también puede hacerse en forma personal en lugar de telefónica.

Matriz: Plan de compensación que limita el número de personas de su línea frontal, generalmente a dos o tres.

MLM: en inglés Multi Level Marketing, también conocido como Mercadeo Multinivel, Redes de Mercadeo, Network Marketing, etc. Cualquier forma de venta que permite a los distribuidores independientes asociar a otros distribuidores independientes y recibir comisiones por las ventas de esos asociados y así sucesivamente.

Networker: Profesional del Network Marketing.

Networker 1 Impostor: Persona que realiza la actividad del Network Marketing esperanzado en la suerte a la hora de conseguir afiliados y ganar mucho dinero con el menor esfuerzo posible.

Networker 2 Amateurs: Se cuestionan cosas como la suerte, el momento oportuno, posición correcta (en relación a si están en la compañía adecuada) y los atajos probando cosas nuevas.

Networker 3 Profesional: Se preocupa de la formación para obtener las habilidades necesarias para la creación de una estructura de Network Marketing.

Nivel: Posición vertical de un distribuidor en su organización. Si usted asocia a alguien, se inscribe en su primer nivel. Los socios de esta persona estarán en su segundo nivel y los asociados de esos asociados, en el tercero.

Nivel de logro: Rango o nivel que se alcanza al mover cierta cantidad de productos por mes y/o al auspiciar un cierto número de distribuidores que hayan alcanzado, a su vez, un cierto nivel de logro. A medida que usted progresa a niveles de logros más altos, se le otorga un mayor porcentaje de comisiones.

Número de PIN: Código especial asignado a cada distribuidor en una compañía MLM. Cuando los clientes hacen pedidos a la compañía, dan el número de PIN del distribuidor que les presentó los productos. De esa manera, los distribuidores reciben una comisión por las compras de sus clientes, aunque ellos no intervengan en la transacción.

Oportunidad: Ofrecer unirse a la distribución por Network Marketing y presentar el negocio y los productos.

Organización: Parte de su red de la que se le permite extraer residuales y comisiones. Incluye a todos los distribuidores ubicados en todos los niveles que están dentro de su rango de pago.

OV (Volumen de la organización): Volumen mensual de ventas generado por su organización, por medio de la compra de productos de la compañía.

Pago: Porcentaje de la ganancia total de una compañía que se paga a los distribuidores, en forma de residuales, comisiones y bonificaciones.

Patrocinado: También llamado asociado, distribuidor, consultor, etc. Es la persona que inicia la actividad.

Peso pesado: Importante líder de ventas de una compañía MLM.

Plan de Compensación: Sistema de estrategias que la empresa emplea para pagar las comisiones. Cada empresa tiene su propio plan.

Planes de compensación comprimidos: Son aquellos planes que comprimen el peso de sus comisiones en los niveles superiores, es decir, se logra más dinero por el movimiento de productos generado por las primeras pocas personas que uno asocia. Pero tiene la gran desventaja de que se logra menos o nada de dinero por lo que generan los asociados de los niveles profundos.

Plan de marketing: Término alternativo para el plan de compensación.

Plan de pago: Término alternativo para plan de compensación.

Plus extra: algunos incentivos adicionales que atribuyen las empresas a sus líderes, como una manera de retener y motivar aún más a continuar y, si es posible mejorar su trabajo y sus resultados.

PPV – Promoción en Punto de Venta: Acciones promocionales presenciales que se organizan en un establecimiento o evento tales como ferias, exposiciones, tiendas, etc.

Política de devolución: La garantía de devolución de dinero ofrecido por todas las compañías respetables del MLM hacia sus distribuidores.

Prelanzamiento: Período previo al lanzamiento oficial de una compañía MLM o de un nuevo producto.

Presentación del plan de negocios: Término alternativo para nombrar a la reunión de oportunidad.

Presentación "one to one": Es la misma exposición de la reunión de oportunidad, pero realizada de forma individual, suele hacerse con los prospectos más calificados.

Presentación de cierre: Reunión que suele tener lugar tras la primera presentación y que sirve para profundizar, aclarar detalles y ayudar a la toma de decisión.

Proactividad: Es una actitud en la que el distribuidor asume el pleno control de su conducta de modo activo, lo que implica la toma de iniciativa en el desarrollo de su negocio creativamente para generar mejoras, haciendo prevalecer la libertad de elección sobre las circunstancias del contexto. La proactividad no significa sólo tomar la iniciativa, sino asumir la responsabilidad de hacer que las cosas sucedan; decidir en cada momento lo que queremos hacer y cómo lo vamos a hacer.

Profundidad: El número de niveles de su organización MLM. Las líneas que se generan en la red, por debajo de los directos o frontales.

Profundidad infinita: Característica de algunos planes de compensación que permiten que los distribuidores logren ganancias por los niveles más profundos por debajo de su rango de pago normal. La profundidad no es literalmente "infinita" porque usted gana menos dinero a medida que desciende, y varias formas de ruptura suelen limitar la profundidad a unos pocos niveles. Pero algunos planes llegan de 20 a 30 niveles.

Programa de afiliados: Negocio en Internet que le permite a la gente convertirse en afiliados simplemente brindando un enlace (link) de su sitio web con una página principal corporativa, y les paga a los afiliados una comisión por todas las ventas hechas por medio de ese enlace.

Prospectar: Proceso de buscar clientes o asociados para su negocio MLM.

Prospecto: Candidato, cliente o asociado potencial que expresa algún interés por el producto, servicio u oportunidad. Generalmente suele ser alguien que ha solicitado información, registrándose en tu sitio web, facilitándote, por ejemplo, su correo electrónico. Si, por el contrario, no ha solicitado ninguna información, ni ha dado indicios de que lo desee, NO es un prospecto, sino un posible prospecto.

Prosumidor: Es aquella persona que consume, paga y recibe a cambio algún beneficio monetario. En definitiva, que hace negocios a partir de su propio consumo. En el Marketing Multinivel este principio se aplica siempre. Los Networkers consumen productos o servicios y reciben beneficios económicos por ello, en concepto de comisiones, bien por sus propios consumos como por los de sus asociados.

PSV (Volumen de ventas personal): Volumen de productos que usted vende en un mes determinado.

PV (Volumen personal): Volumen de productos que usted compra por mayor a la compañía en un mes determinado.

PV (Volumen de puntos): Término alternativo para volumen de bonificación (BV).

Rango: Es la posición de mérito que se ocupa en la compañía, en muchas de las empresas se utilizan los nombres de piedras preciosas: zafiro, esmeralda, diamante, etc. También son usuales los nombres de líder regional, vicepresidente de ventas, miembro del equipo millonario, director nacional u otros como supervisor, coordinador, ambassador, etc.

Rango de pago: Todos los niveles de su red por los cuales su plan de compensación le permite extraer bonificaciones y comisiones.

Red: Todas las personas asociadas como distribuidores en una compañía de Network Marketing constituyen la red de esa compañía. Su red está compuesta por todas las personas que usted asocia, que asocian sus asociados y así sucesivamente.

Referido o Recomendado: Aquella persona que nos recomienda un tercero para unirse a nuestra red, o que llega a nosotros porque escucho a este tercero hablar de su experiencia con nuestro producto, compañía o red de negocios.

Regalía: También llamado royalty o ingreso residual. Requerimientos mensuales de volumen: Término alternativo para calificaciones.

Residual: Comisión mensual que recibe de sus líneas.

Reunión de oportunidad: Presentación de la compañía de sus productos o negocio realizada por distribuidores, usualmente celebrada en sedes sociales o salas de hotel.

Saturación: Punto teórico en el que una compañía de Network Marketing se queda sin potenciales clientes y asociados, y deja de crecer.

Segunda línea: También llamados indirectos. Son las personas que están patrocinadas por sus directos.

SEO (Search Engine Optimization): Posicionamiento en buscadores. Es la aplicación de un conjunto de técnicas y estrategias destinadas a ubicar de manera preferencial, vía keywords o palabras clave, sitios web en los motores de búsqueda.

Spammíng: práctica de efectuar en Internet promociones electrónicas no solicitadas, para su negocio multinivel, usualmente por detonación de correo electrónico, pero también mediante anuncios en carteleras.

Tamizar y elegir: Práctica de identificar rápidamente los prospectos más prometedores y enfocar sus esfuerzos de prospección en ellos, sin prestar atención al resto.

Teleconferencia: Reunión de prospección o presentación de la oportunidad de negocios que se emite por teléfono. A los prospectos se les dice que llamen en cierto momento para escuchar el evento. Los distribuidores también pueden invitar prospectos a sus hogares y hacer que escuchen por medio de parlantes.

Upline: Línea ascendente. Personas que forman parte de tu red y que están por encima de ti.

Upliner: También conocido como sponsor, patrocinador o auspiciante. Es la persona que presenta el negocio o con quien se enrola/afilia/ firma un candidato (también conocido como prospecto o lead). El upliner tiene la obligación principal de enseñar el modelo de duplicación y venta adecuados, así como motivar a sus downliners (las personas que patrocina) para beneficio de toda la red.

Venta directa: Forma de venta mediante la cual representantes independientes trabajando a comisión, venden cara a cara, fuera de una instalación comercial establecida. A los profesionales del MLM generalmente se los considera vendedores directos, aunque hay otros tipos de vendedores directos que trabajan a comisión directa y no son profesionales del MLM. Tenga en cuenta que los profesionales del MLM que trabajan en locales comerciales no deberían ser considerados vendedores directos porque venden en una instalación comercial establecida.

Ventas personales: es el total de las ventas realizadas por cada distribuidor para un ciclo (período de tiempo, definido por la Compañía).

Volumen de comisión: Término alternativo para volumen de bonificación.

Volumen generacional: Ventas mensuales producidas por una generación en particular o una línea generacional.

VG (Volumen grupal): Volumen total de ventas mayoristas hechas por su grupo personal en un mes determinado.

VVG (Volumen de ventas grupales): Volumen de ventas mensuales de su grupo personal.

Webinar: conferencia web similar a una reunión personal o multitudinaria que te permite interactuar, compartir documentos y aplicaciones.

BIBLIOGRAFIA

LIBROS

☐ **Padre Rico Padre Pobre** de Robert KIYOSAKI.

☐ **Go Pro: 7 Pasos para Convertirse en un Profesional Del Mercadeo en Red** de Erick WORRE.

☐ **La Presentación de 45 Segundos que Cambiará su Vida** de Don FALLA.

☐ **El Árbol Rojo del Multinivel y las Ventas Directas** de Mario RODRIGUEZ PADRÉS.

☐ **El Efecto Compuesto** de Darren HARDY.

- **Escuela de Negocios** de Robert KIYOSAKI.
- **La Ola 4** de Richard Poe.
- **Los Nuevos Profesionales** de Charles W. KING James W. ROBINSON.
- **Su Primer Año en el Network Marketing** de MARK YARNELL Y RENE REID YARNELL.

ENLACES DE INTERNET

- https://www.vivirdelinternet.net/
- https://multinivelzgz.com/
- https://www.inesem.es/revistadigital/gestion-empresarial/network-marketing/
- https://es.semrush.com/blog/que-es-network-marketing/
- https://www.lifestylealcuadrado.com/el-cuadrantedel-flujo-del-dinero/
- https://www.inesem.es/revistadigital/gestion-empresarial/network-marketing/
- https://es.semrush.com/blog/que-es-network-marketing/
- https://www.jivochat.es/blog/marketing/por-queser-networker.html
- https://miguelcalvo.net/

- https://www.s4ds.com/es/
- https://vivaelnetworking.com/
- https://www.diogenesbolivar.com/planes_compensacion_n etworkmarketing.html
- https://gugolnet.com/?page_id=125
- https://es.linkedin.com/pulse/que-es-un-plan-decompensación-elias-handal
- http://cadenadenegociosporinternet.blogspot.com/2014/05/Diferencia-binario-y-binario-hibridoMultinivel.html
- https://sinergiared.com/que-plan-de-compensacionmultinivel-es-mejor-para-mi-empresa/
- https://fourweekmba.com/es/esquema-ponzi/
- https://es.wikipedia.org/wiki/Carlo_Ponzi
- https://aranguezabogados.com/servicios/derecho-penal-economico/estafas-piramidales/
- https://es.wikipedia.org/wiki/Esquema_de_pirámide
- https://revistagestion.ec/economia-y-finanzas-analisis/esquemas-piramidales-tan-atractivos-comoriesgosos/
- https://www.ftc.gov/sites/default/files/documents/public_comments/trade-regulation-ruledisclosure-requirements-and-prohibitions-concerningbusiness-opportunities-ftc.r511993-00010 /00010-57283.pdf
- https://avd.es/

- https://es.wikipedia.org/wiki/Marketing_multinivel
- https://www.seldia.eu/
- https://wfdsa.org/
- https://gestoriabarcelona.cat/fiscalidad-para-negociosmultinivel-mlm/
- https://jorgetorresculla.com/multinivel-en-espana/
- https://karemgomez.com/fiscalidad-network-marketingen-espana/
- https://www.rixioabreu.com/aspectos-legales-delmultinivel/
- https://susanarodriguez.net/
- https://gestoriabarcelona.cat/fiscalidad-para-negociosmultinivel-mlm/
- https://www.istmopanama.com/network-marketing/hablando-como-networker-vocabulario/
- https://marketingdeatraccionmlm.wordpress.com/2014/03/24/pequeno-glosario-diccionario-de-terminosy-conceptos-multinivel/
- https://agel.activo.mx/t11-glosario-de-terminos-denetwork-marketing
- https://elmarketingmultinivel.wordpress.com/2012/04/09/glosario-de-terminos-mlm/
- https://www.freepik.es   Este libro ha sido diseñado usando imágenes de Freepik.

PELÍCULAS:

- Wall Street: El poder y la avaricia (1987)
- Dinero sucio (2010)
- El Esquema De Ponzi (2013)
- El mago de las mentiras (2018)

RECOMENDACIONES DE CANALES EN YOUTUBE

- Jim ROHN
- Zig ZIGLAR
- Robert KIYOSAKI
- Napoleón HILL
- Eric WORRE
- Tony ROBBINS
- José BOBADILLA
- Jaime LOKIER
- Mihail MILLET
- Erick GAMIO
- José Miguel ARBULÚ

- Iván TAPIA
- Michel INIESTRA
- Yudis LONZOY
- Soy Senworker
- Networker Billionaire
- Víctor KUPPERS
- Emilio DURÓ
- Mario ALONSO PUIG
- Marian ROJAS
- Luis GALINDO
- Javier IRIONDO
- Benjamín CUSSEN
- Libros para Emprendedores con Luis Ramos

La Formación es la Antesala del Éxito

FRANK MORENO

www.ingramcontent.com/pod-product-compliance
Lightning Source LLC
Chambersburg PA
CBHW070012300526
45794CB00001B/293